みいちゃんのお菓子工房

12歳の店長兼パティシエ誕生
〜子育てのアンラーニング〜

杉之原千里
Chisato Suginohara

干支の牛さんケーキ。ケーキがコミュニケーション手段であるため表情をつけることが多い（2021年1月）

世界自閉症啓発デーに制作したブルーのケーキ（2023年4月）

初めて挑戦したウエディングケーキ（2021年9月）

ママへの50歳のスペシャルな誕生日ケーキ（2023年1月）

「みいちゃんのお菓子工房」3周年記念ケーキ。ロゴ入り（2023年1月）

制作中のみいちゃん。スイーツカフェ
開催時の厨房で（2019年8月）

青い薔薇のデザインケーキ（2022年6月）

プロローグ　――子育てのアンラーニング

私は、三人の我が子の子育てをしながら、平日は朝から夜までフルタイムで働き、土日に「みぃちゃんのお菓子工房」をサポートしているみぃちゃんの母親です。みんなに「いつ休んでいるの？」とよく聞かれますが、休日に子どもと一緒に笑顔で過ごすことが私にとっての〝休日〟。ですから、みぃちゃんが小学6年生からパティシエとして修業をしている「みぃちゃんのお菓子工房」のサポートをしている時間は、私にとっては子どもたちとの貴重な触れ合いの時間、つまり休日なのです。

こんなふうに思うようになったのは、三人の子育てのなかで、暗闇の数年間を経験してきたからです。我が子から笑顔が消えてしまった日々、涙を流し、学校にも行けずに部屋にこもっている子どもたちを目にしてしまったとき、自分がこの苦しい世界に命を与えた張本人であること、そして「生んだ責任」「代わってあげられないこと」に苦しめられ続けました。

朝、目が覚めると、自然と涙が出てくる。それが一日の始まりでした。

そんな毎日を過ごしてきた経験から、今、子どもたちが笑顔でいることの幸せが身に染みます。幸せは、じつは気がつかないほど近くにあるものです。

まず、私の考えが180度変わったのは、一人目の子育てからでした。それは、初めて親になった私にとって「喜び」と同時にやってくる苦労の始まりでした。

学校に行けなくなった我が子に何をしてあげればいいのかわからず、途方に暮れていたあの頃。これまでの自分の人生で得てきたことが、子どもたちの生き方には全く当てはまらず、親の人生経験なんて何ひとつ役に立たないことをその時、痛切に思い知らされました。生きてきた時代が違うのです。恥ずかしながら、そこに気がつくまで随分と遠回りをしました。

この事実に気づいてからは、これまでの自分の経験、価値観をすべて捨て、子どもなりの「今の時代に合った自分らしい生き方」をどう導いてあげられるのかをずっと考え続けていました。

私は、ただただ、我が子の笑顔を再び見たかっただけなのです。そのための第一歩は、親が自分の持っている固定観念を捨てるところから始まりました。

子育てのアンラーニング*注です。

学校に行かせることがすべてではない。
やりたいことがあれば、なんだってやらせてみる。
生きている意味、生きている実感を子ども自身が得て、笑顔を取り戻すために――。

世の中を見ると、みんなが立派な母親、立派な父親を演じています。しかし本当は、母親業も父親業も人生で初めての経験なのです。どうやって子どもを育てるのかなんて学校で教えられてもいませんし、自分が育てられた経験のみで親を演じているだけのことです。例えば、「義務教育期間には学校に行く」。それが常識だと。

私も常識に頭を支配されていたので、最初のうちは、どうやったら子どもたちが学校に行ってくれるのか、そればかり考えて悩んでいました。

でも、この考えを捨てたとき、その先にはわくわくするような未来が待っていました。今は、昔と違い個性を認めてくれる世の中になりつつあります。いわゆる「出る杭《くい》は打たれる」時代は終焉《しゅうえん》を迎えています。AIがこれまでの人間の仕事をするような時代に入り、ロボットにはできない能力を持つ（個性ある）人間が認められ、生き残れる世の中になりつつあるのです。

これからお話しする私たち家族の経験は、新しい世の中における、新しい形（自分らしい生き方）のほんの一例です。我が家の経験が、あなたの人生のなかで、何か一つでも心に残ればうれしく思います。

我が家の次女、みいちゃんは、家族以外と話すことがとても難しく、不安が強い場面では、体も動かなくなります。わかりやすく表現するとすれば、「操り人形」です。意思のない、表情のない操り人形になってしまうのが、みいちゃんの生活の一部です。

この本は、そんなみいちゃんが、小学6年生でケーキ屋さんの店長としてお店を運営し、「自分らしさ」を取り戻すまでの、「みいちゃん家族のドキュメンタリー」です。みいちゃんが生まれた２００７年から２０２０年1月26日の「みいちゃんのお菓子工房」プレオープンまでの出来事を綴っていますが、プレオープンの2か月後にあった小学校の卒業式は、私たち家族にとって、忘れることのできない日でもあるため、あの日のエピソードを一つ、本編の最後に添えています。

＊注　アンラーニング
古い時代の思い込みを捨て去ることをいいます。知識や習慣など、過去の成功体験で構築されたものを一度手放し、捨ててしまうことから始まる思考だったり、学ぶ姿勢のことです。

みいちゃんのお菓子工房

目次

みいちゃんは自立（自律）できるかもしれない

お菓子工房の完成とプレオープンの舞台裏

エピローグ

第1章

双子の育児
——障がいの告知

幼少期

◇みぃちゃんの保育園時代

みぃちゃんは、双子で生まれました。かあくんがママのお腹から先に出てきたのでお兄ちゃん、みぃちゃんは妹になります。みぃちゃんは、我が家のきょうだいの一番下の女の子です。長女のお姉ちゃんとは5歳差で、一男二女の三人きょうだいの末っ子です。私たち夫婦は、当初から子どもは三人欲しいと思っていたので、双子を授かったときは、とてもうれしかったことを覚えています。

しかし双子育児の大変さは、想像を超えていました。フルタイム勤務の私は、当時1年間の育児休暇を取得して双子の子育てに入りましたが、長女のお姉ちゃんを保育園に預けながらの双子育児は、朝夕の保育園のお迎えひとつにしても、みぃちゃん、かあくんを置いて出掛けられないため苦労しました。

とにかく外出が大変で、買い物に行くにしても、前と後ろにかあくんとみぃちゃんを抱っこ（とおんぶ）し、暴れる二人にふらつきながら歩き回らなければなりません。スーパーで

双子で生まれたみいちゃん（右）とかあくん（左）

は、横に2つくっついた横長のベビーカーで移動し、エレベーターはいつもギリギリのスペース。通れないところも多々あるので、その時は都度、迂回《うかい》して遠回り。段差はタブー。車に乗せるのもひと苦労です。みいちゃんをチャイルドシートに座らせている間にかあくんがうろついて迷子になる等、片時も目が離せません。

挙句の果ては、悲しいけれど、二人に紐《ひも》をつけ、ワンちゃんのようにどこにも行かないようにつないだ状態で散歩する始末。結果、二人が思い思いにあっちへ行ったり、こっちへ行ったりするものだから、紐が絡んで、ほどく時間が長くなり、結局手間がかかる……なんていう笑い話のようなことも（実際は笑う余裕すらありませんでしたが）。とにかく子ども三人の育児は本当に大変で、休職中とはいえ、手が足りなくて足りなくて育児ノイローゼになる一歩手前だったと思います。

そして、双子を生んで一番に感じたことは、「人の目線」です。これは、きっと双子の親にしか体験できないことだろうと思います。事実、長女一人を育てていた数年間には味わったことのない感覚でした。一歩家の外に出れば、どんな場面でも他人《ひと》は双子ちゃんを見るのです。もちろんこれは、非難の目ではなく、愛らしさからによる温かい視線です。とはいえ、そんな視線に最初は全く慣れませんでした。そのうち徐々に慣れてきて、他人から見られるのが当たり前になりましたが、ある意味、不安症を抱えて生まれたみいちゃんからすると、生まれたときから試練に遭《あ》ってきたことになります。人の視線を人一倍浴びてきたのですから。

それが良かったのか悪かったのかはわかりませんが、これまであったいろいろな出来事を自分なりに整理したとき、みいちゃんは双子で生まれるために杉之原家を探し当てたのかと思うくらい、双子で生まれる運命だったのだと確信しています。

お兄ちゃんのかあくんは、とてもよくしゃべる子でした。いつも笑顔で、妹のみいちゃんを小さい頃からとてもかわいがっていました。小学校を卒業するまでは、1歳からずっとみいちゃんと同じクラスにしてもらっていたので、親の私よりもみいちゃんと一緒にいる時間が長いのです。みいちゃんが何を考え、何を苦手として、何を想い、どうしたいのか、すべてを把握しているようでした。かあくんの存在の大きさについては、改めてお話しします（第5章参照）。

みいちゃんの保育園時代ですが、ひと言でいうと「大人しい子」でした。自宅では口数が多く、とてもやんちゃな女の子で、かあくんと喧嘩《けんか》をしてもみいちゃんが勝つくらい負けず嫌いで芯の強い女の子でしたが、外での口数は極端に少なかったです。保育園に通っていた当時、3歳頃のみいちゃんは、片言ですが、人前で声を出せていました。幼少期は比較的、体は動いていたのです。しかし年長クラスになる頃には、折り紙を折るなどの工作が自分でできなくなっていました。体が自由に動かない緘動《かんどう》の症状が少しずつ顕著に見えてくるようになったのです。

年1回の発表会でも、誰かに手を引っ張ってもらわないとステージに上がれない状況で、言葉を発することはありませんでした。ところがこんな状態でも、私は単なる「大人しい子」「すごい恥ずかしがり屋さん」としか考えていませんでした。自宅では、元気でやんちゃなごく普通の女の子だったからです。「ステージ上で緊張しているんだな」という程度のことしか思いませんでした。

この頃のみいちゃんを知るお友達、保育園時代を一緒に過ごしたお友達は、今でも仲が良く、みいちゃんのかけがえのない友達となっています。

そして3歳児健診の頃から、当時の市民保健センターの方が、双子ということもあり年に1回程度、保育園まで子どもたちの視察に来てくださっていました（地域によって支援体制は異なると思います）。保健師の方は、その頃からみいちゃんの異変に気づいておられたのかもしれません。年長のとき、保健師の方の訪問の際に、「お母さんにお話がある」と言われました。

今から思うと保健師の方には、みいちゃんの特性（障がい）が早くから見えていたのでしょう。成長にともない克服できるかできないか、様子を見ているなかで、やはり他の子との明らかな違いを認識され、小学校入学前にきちんと医療機関に診《み》てもらうことを母親の私にアドバイスされたのだと思います。実際、あの時のアドバイスがなければ、小学校に入学後も、私はみいちゃんの特性を見抜くことができなかったと思います。そういう意味では、自分では気づかないような特性を持った子どもに対しての母親の認識は、幼少期に専門の方がいかにサポートしてくれるか、親とは違った目で我が子を見てくれるかがとても重要だと感じます。専門の方の介入は地域によって差があると思いますが、決して軽視してはならない支援だと身をもってお伝えします。

のちほど本文で触れる「みんな母親業を演じているものの、子育ては初めてなのだ」ということに尽きるのです（第4章「子どもに教えてもらうこと」の項内で詳述。163ページ参照）。

アドバイスを受けるまでの私は、当然、みいちゃんに普通の子として接していたので、辛くあたってしまうこともありました。すんなり「ありがとう」が言えなかったり、お友達のお父さん、お母さんに挨拶ができなかったりするたびに「みいちゃん、挨拶くらいしなさい！」と何度も叱《しか》りました。自宅での「よくしゃべるみいちゃん」のほうが私の知っているみいちゃんだったからです。しかし考えてみると、挨拶どころかみいちゃんは、お友達と普通に話をすることさえ普段の生活では全くなかったのですから、挨拶なんてできるわけがないのです。

「場面緘黙《かんもく》症」というものを早くから知っていれば気づけたことかもしれませんが、当時は先生すら「場面緘黙」を知らない方も多かったくらいで、認知度は非常に低い病名でした。とはいえ、生活をともにする親が気づいてあげられなかったことを、とても反省しています（場面緘黙については次項〈25ページ〉参照）。

みいちゃんの障がいを知る前、いつも疑問に思っていたことがあります。「挨拶をしなさい」「なんでしゃべらないの？」と叱る私に、みいちゃんが全く反論しなかったということです。

「ママ、声がどうしても出ないから、ご挨拶ができないの」

「ママ、お友達とお話ができないのはなんでだろう?」

「ママ、保育園で何かをしようと思っても、体が硬くなって動かなくなるの」

こう相談でもしてもらっていれば、私も異変に気がつけたのに……と思うのですが、みいちゃんは、保育園での苦労を私に伝えることを一切しませんでした。

◇初めから身につけていた「自己肯定感」

あれから数年が経ち、みいちゃんのことを徐々に理解できるようになった今、私が勝手に考えていることは、あの頃から、みいちゃんにとっては「声が出なくて体が動かなくなってしまう自分」は、苦難でもなんでもなくて、「それが私」という認識で、自らを肯定していたのだろうということです。5、6歳の子どもが、何も教えずに「自己肯定」ができるものなのかと驚きますが、みいちゃんは、それ(自己肯定)がやはりできていたのです。

「自己肯定」「自己肯定感」という言葉をインターネットで検索すると、たくさんの説明が出てきますが、簡単にいえば、「短所を含めたありのままの自分自身に対する満足感、ありのままの自分を自分自身が認める」ということです。

みいちゃんの姿を思い起こすと、この定義がセットでないと説明できないことが、このあと何度も出てきます。その後のみいちゃんとの人生で、私が、なんで？　なんで？　と不思議に思った数々のみいちゃんの行動や出来事を遡《さかのぼ》って振り返ったとき、「やっぱりそうだ！　すべては、みいちゃんの『自己肯定感の強さ』によるものだ」と数年を経て私は納得しました。みいちゃんの並外れた「自己肯定感の強さ」は、みいちゃんを理解するうえでのキーワードのようなものです。そうであればこそ、すべての辻褄《つじつま》が合うのです。

専門家から見れば、間違っていると指摘される部分があるかもしれません。

専門家と母親との違いは、なんでしょうか。専門家は、数多くの症例を見てさまざまな勉強をし、知識を持たれています。そのうえでお話しされます。私自身もこれまで、子どもの発達や障がいといった分野の専門家の方々にはかなりお世話になり助けていただきました。とはいえ、子どもの特性・個性は一人ひとり千差万別で、「みいちゃん」という特性を持った子に特化して接している時間が格段に長いのは、母親です。母親にしか見えないこともかなりあるのです。

我が子の特性に悩んでおられるお母さんがいらっしゃるなら、まずは自分の考えに自信を持っていいということを、私はぜひ伝えたいと思います。母親から見る我が子は、そのままの姿だからです。病院に行って診察してもらうときの我が子は「よそいきに作られた姿」です。子どもに対する母親（父親）の勘は、親に与えられた特権ともいえるものだと思います。
　この本で述べる私の考えは、あくまで私の勝手な推測です。でも、この親の推測は、勘が鋭くなければできません。それができるとき、充分に母親業（父親業）をこなしているということだと思って安心してください。

　ここからは、私とみいちゃんが実際に体験してきた人生のドキュメンタリーです。みいちゃんの「自己肯定感の強さ」という特性を頭の隅に置いていただき、それに気がつかなかった当時の私の慌て具合、苦難も含めて、子育ての喜怒哀楽、悲しみからの脱却、ハンデが強みに変わる過程、その後のわくわくする高揚感、感謝の連続の毎日……。そして、想定していなかった世界が先に待っている瞬間。そこにつながるまでのジェットコースターのような日々をお伝えできればと思います。

場面緘黙ってなに？

◇「場面緘黙症」の告知

場面緘黙。この言葉を私が初めて聞いたのは、みいちゃんの小学校入学前の就学前診断〈地域〈自治体〉によって実施の詳細は異なります〉のときでした。きちんと病院で診てもらったほうが良いとの保健師さんからのアドバイスで、県内の発達障がいの専門医師に診てもらったのです。初日の診察では、普段の様子を私から伝え、みいちゃんの様子を把握するための検査をしました。医師と一緒に積み木をしたり、文字で書かれた簡単なテストを解くなどです。

でもみいちゃんは、自宅以外の場所では、恥ずかしくて緊張してしまいます。自分を全く出せません。積み木もできないし、テストもできない。テストをするという以前に鉛筆を持てないので、字が書けないのです。腕はぶらんぶらんの状態です。積み木なんて到底できません。この頃の私は、看護師さんにこう言っていました。

「極度の恥ずかしがり屋さんなんです。何もできなくてすみません。たぶん、ここではどれだけ頑張ってもできないと思います」

あとから知ることになるのですが、そんなみいちゃんの状態は、極度の不安により体が動かなくなる「緘動」の症状だったのです。

今でもそうですが、病院では、自宅でのみいちゃんとは全く違う正反対のみいちゃんになるので、いくら診察や検査をしても、結局その評価はできないのです。

そんな初回の診察を終え、2回目の診察で主治医の先生から告知されました。

その時に手渡された診断書には、こう記されていました。

【病名】

⑴自閉スペクトラム症

⑵選択性かん黙（筆者注：場面緘黙症のこと）

双方向のコミュニケーションが取りにくく、対人社会的状況の理解が困難であり、こだわりが認められる。自宅以外での会話、移動、飲食が困難である。外出時にはそれらの介助を要する状態が持続している。特性に合わせた環境調整や援助が欠かせない。

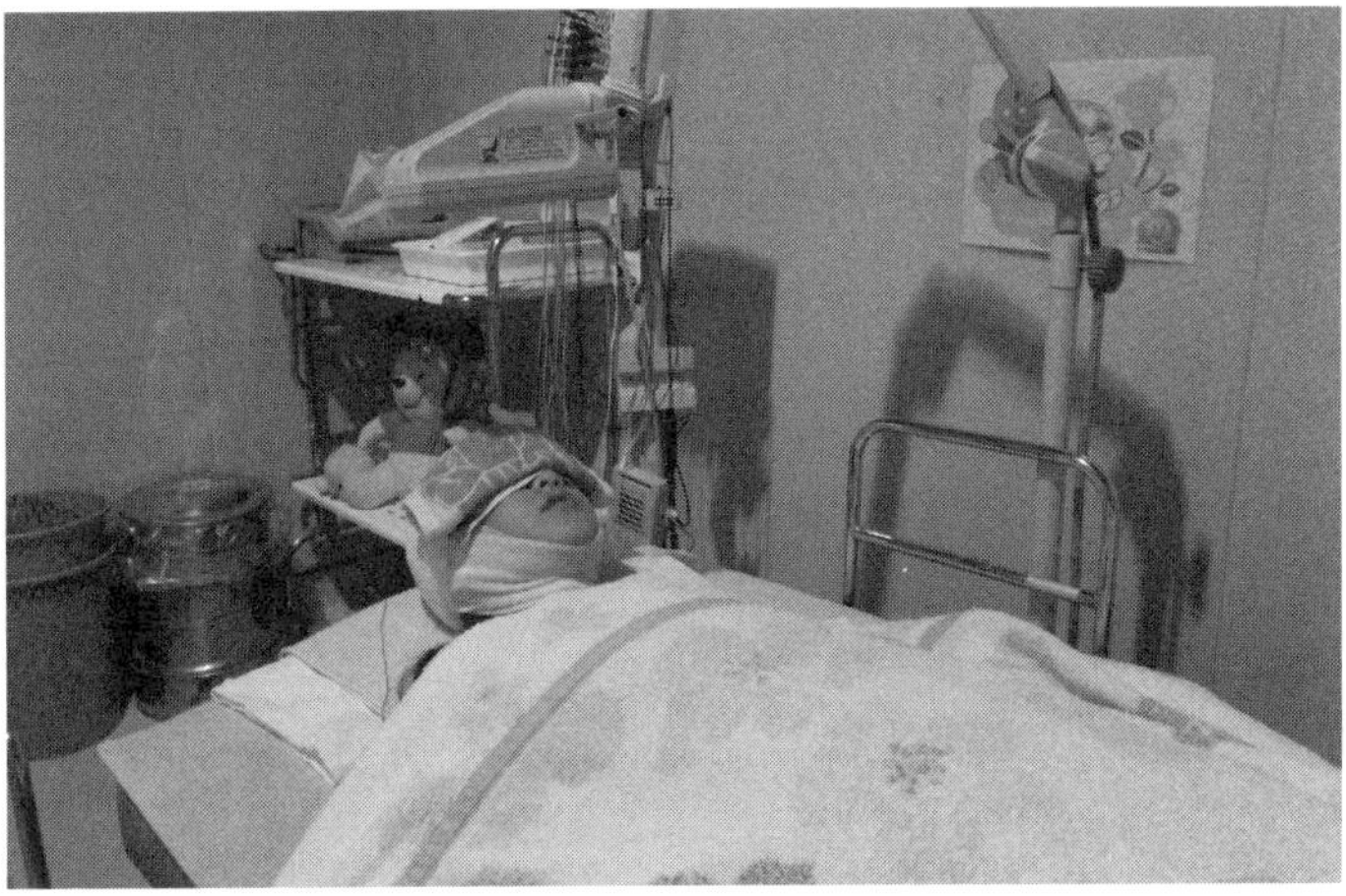

脳に異常がないか検査をしたみいちゃん。病院の密室では、緘動による硬直が激しく目を閉じることもできなかったため、看護師さんがそっと目にタオルをかぶせてくれた。検査の結果、みいちゃんの脳には何の異常も見つからなかった

みいちゃんが6歳のとき、小学校入学直前の2014年3月のことでした。

この時の告知では、みいちゃんが「自閉スペクトラム症」であること、場面緘黙・緘動の症状があること、本人にとって環境の変化が一番怖いこと、小学校入学前にきちんとした対処法を考えておいたほうが良いこと、小学校生活では特別支援（介助）の必要があること、小学校との連携は必須であること……。そんなことをいっぱいいっぱい聞きました。

頭がはちきれそうでした。なんのことか理解するまでに、相当な時間がかかりました。

「場面緘黙」ってなに？　えっ？　みいちゃんは普通じゃないの？　病気なの？　これは治るの？　介助を要するってどういうこと？　恥ずかしがり屋さんなだけじゃなかったの？

みいちゃん、こんなに普通なのに……。

という感じでした。

生まれたとき、双子だということもあって、私がまず自分の目で確認したのは、足と手の指の数でした。五体満足で生まれてきてくれたことに心から安堵《あんど》したものです。その後は、長女と双子の三人の育児に翻弄され、復職をして仕事と育児の両立に苦戦しながら一日一日、戦場のような毎日を過ごしてきました。その日を無事に終えることだけで精一杯で、それ以外のことなんて考える余裕もなかったのです。そして、みいちゃんを生んで6年後に突然、みいちゃんには障がいがあるとか、自閉症だとか、そんなことを言われたわけです。

告知された日の帰宅後、「場面緘黙症」をインターネットで調べまくり、場面緘黙について書かれた専門的な本もすぐに何冊か購入しました。

あれこれ調べた結果、それは、みいちゃんにぴったり当てはまる症状だったのです。

その時、初めて理解しました。こんな病気があることを――。そして、みいちゃんのことをかつて「挨拶しなさい！」と叱っていた自分を責めました。

ずっと気づいてあげられなくて本当にごめん……、と自分を責めました。

当時の私は、「発達障がい」とか「自閉症」とか言葉として聞いたことはありましたが、自分のこれまでの人生のなかで接点がなく、言葉以上の知識は一切持っていませんでした。発達障がいの告知は、幼少期の子育てに安心した頃、突然やってきました。本当に突然です。人生が一瞬で変わっていく気がしました。

その後、通院をして9月にいただいた新たな診断書には、次のような文字が並んでいました。

【診断書】（2014年9月18日）

日常生活全般にわたり援助が必要。緘黙もあるため他人とのコミュニケーションが取れない。そのため、社会適応が困難である。

ここでいわれている「日常生活全般にわたり援助が必要」ということの内容は、その時はまだ見えていませんでした。「社会適応が困難」ということも、実際に社会に出る年齢ではなかったので、正直、ピンときていませんでした。

しかし、ほんの数年後、この診断の意味を突きつけられるのです。全介助、つまり常に誰かが介助をしないといけない、社会適応が限りなく困難、そんな現実を知るときが訪れます。

告知された頃は、まだみいちゃんも小さく、将来を考える余裕もなかったので、ショックは受けたものの「なんとかなるさ」と楽観的に考えていた気がします。

でもその後、徐々に診断の意味がわかってきました。告知は、数年後に待つ暗闇への入口でもあったのです。

病院で言われた「環境の変化に細心の注意をしなさい」ということも、頭では理解したものの、目の前に迫る「大きな環境の変化＝小学校入学」に何をすればよいのか全くわかっていませんでした。私ができたことといえば、小学校入学前に、とにかく学校に相談すること、ただそれだけでした。この環境の変化が、みいちゃんにどれほどの試練を与えてしまうのかなんて、想像もできませんでした。

◇姉と兄への説明

まず最初の壁は、みいちゃんの姉と双子の兄かあくんへの説明でした。病院の先生から聞いた話を主人に伝えただけでも質問攻めの状態です。大人から大人へ伝えるのにも苦戦しました。病院の先生のようにうまく話せないし、自分がそれほど充分に「場面緘黙」のことを知っているわけでもないのです。

「ネットで調べてみて」

主人にも、最後はそう言ったことを覚えています。

私自身もインターネットでたくさん調べました。その最中《さなか》に、運よく場面緘黙の病状を伝える資料（「かんもくネット」参照）を見つけて飛びつき、わかりやすく絵で描かれていたそれを、お姉ちゃんとかあくんに見せながら説明していきました。

でも、一度の説明で理解できるわけがありません。ただ、かあくんだけは、保育園でもずっと一緒だったみいちゃんを見ていたので、私が「場面緘黙」の説明をすると、意外とすんなり理解したように見えました。かあくんは、この時には、すでに気がついていたのかもしれません。とはいえ、みいちゃんの保育園での変貌ぶりをかあくんが私に伝えることはあまりありませんでした。かあくんにとっては、生まれたときからずっと一緒にいるみいちゃんは、声が出ても出なくても、体が動いても動かなくても、その時その時、そのままの姿が「みいちゃん」だったのです。

かあくんに「場面緘黙」という症状がみいちゃんにあることを伝えると、すぐにこう返してきました。

「ママ、みいちゃんは、俺が守ったるから」

この頃から、かあくんの役割はとても重要になっていきます。みいちゃんと学校のみんなをつなぐ唯一の存在です。心強いお兄ちゃんがいてくれて、私は、とても安心しました。

みいちゃんが、心優しいお兄ちゃんと一緒に双子として生まれてきたことは決して偶然ではなく、きっと、みいちゃんが生まれる前にかあくんを探し当てて我が家に来たんだなと、この時から思うようになりました。

第2章

「場面緘黙症」との本当の闘い

——やれるだけのことをやる

みいちゃんに起きた異変（小学校時代・前半）

◇入学式当日のみぃちゃん

そしていよいよ、みいちゃんとかあくんは、小学生になります。ピカピカの1年生です。新しいランリュック、新しい上靴、新しいふでばこ。とくにみいちゃんは女の子ということもあり、自分が気に入ったえんぴつや消しゴムを揃えて、入学式を待ちわびてドキドキわくわくしていました。どこからどう見ても入学を楽しみに待つごく普通の女の子でした。みいちゃんの様子からは、小学生になる不安などはまるで感じられなかったのです。

そして入学式の日を迎えました。

新しい靴を履き、入学式のために買った服を着て、みいちゃんとかあくんはパパとママと一緒に家を出て、これから通う小学校の門をくぐりました。1年生になったみいちゃんとかあくんは同じクラスでした。みいちゃんのことは事前に相談していたので、かあくんと一緒のクラスにしてもらっていたのです。教室に入るとみいちゃんとかあくんは、出席番号順に席に座ります。二人は前と後ろ。苗字が一緒なので、出席番号は連番です。前後に座る二人を見届けてから、主人と私は会場の体育館に入りました。親は、皆、我が子をカメラに収めようと必死でシャッターを切る準備を始めます。我が家も同じく、双子の入学式の様子を写真に収めようと良い場所を陣取って待機していました。

いよいよ入場の音楽が流れ入学式が始まります。子どもたちが、クラス順に並んで入場してきました。そして、かあくん、みいちゃんの入場です！

その時のことは、今でも忘れられません。

私は、写真を撮ることなどすっかり忘れていました。先に出てきたかあくんの入場の様子を見てあげることすら忘れ、かあくんの後ろに続くみいちゃんに目が釘付けになりました。その光景を見たとき、とても写真を撮る気にはなれなかったのです。

それは、予想もしていなかったみいちゃんの姿でした。

ああ、みいちゃん。頑張れ、そう、そう。一歩ずつ一歩ずつ……。

私も体中に力が入り、みいちゃんと一緒に力んでいました。

そこで目にしたのは、みいちゃんが自分の緘動《かんどう》症状と闘う姿でした。みいちゃんが、とてもとても楽しみにしていた入学式。みいちゃんはかあくんの後ろに並んで入場してくるはずでした。しかし、かあくんの後ろから入場の列は途切れていました。そして、そのはるか後ろにみいちゃんの姿があったのです。緘動の症状が極度に出て、左半身が動かなくなっているようでした。みいちゃんは、動かなくなった左側の足を右側の足で一生懸命引きずって一歩ずつ前に進もうとしていました。左肩が大きく下がり、今にも左に倒れそうな体を必死に自分で支えているようでした。

その時、私には、みいちゃんの心の声が聞こえてきました。

ああ、かあくんに早く追いつかないと……。

かあくん待って、待ってよ。

かあくん、助けて!

置いていかないで。みいちゃん、体が動かないよー!

みいちゃんはすくんだ肩で、かあくんを目指して一生懸命歩こうとしていたはずです。でも、かあくんとの距離はどんどん開いていきました。その様子は、入学式の会場にいた大勢のご家族が見ていました。きっと皆、何が起こっているのかわからなかっただろうと思います。大勢の人の前で、ただ前に歩くことすら自由にできない我が子を見て、私は涙が止まりませんでした。

あんなに小さな体の子どもに、なぜ神様は入学式で入場することすら許してくれないんだろうか。

そう、そう、一歩ずつ……。頑張れ、みいちゃん。

私は心のなかで叫び続けました。あの時みいちゃんが、どんな気持ちで入場していたのだろうと思うと、今でも胸が締め付けられる思いです。

これが、みいちゃんが持つ不安障がい「場面緘黙《かんもく》症」との闘いの始まりでした。

みいちゃんの様子に異変を感じ、先生がすぐに介助に入ってくれました。みいちゃんを除く全児童は入場を終え、両親のほうに向かって起立をしています。「全員着席！」という号令とともに、新1年生たちは着席をしました。その時、みいちゃんは全1年生のなかでただ一人、座れずにポツンと立ったままで、起立した状態で硬直していました。

みいちゃんは、立つことも座ることも、歩くことも自分の意思ではできませんでした。誰かが体に触れて座らせてくれるまで、みいちゃんは一人、そこに立ち尽くしたまま。離れた場所にいた先生が、すぐに走り寄って硬直したみいちゃんを座らせてくれましたが、あの時、何百人もの前で歩くことも座ることもできなくなったみいちゃんのことを、誰がどう理解したでしょうか。おそらく誰一人、みいちゃんの特性がどんなものなのかわからなかった気がします。そして、それを説明することも、簡単ではありませんでした。

◇給食が食べられない

私たち家族は、あの日、全力でみいちゃんを支えていこうと心に決めました。とくに話し合ったわけではありません。ただ、それはみいちゃんの家族に与えられた使命なんだと察しました。

かあくんにみいちゃんの症状のことを話したとき、「みいちゃんは俺が守ったるから。俺、お兄ちゃんやし」と、何の躊躇《ちゆうちよ》もなく言ってくれたことが、私の心のなかに残っていました。こんな言葉がすぐに出てくるということは、すでにかあくんは、これまでみいちゃんの近くにいて「俺がいてあげないと」と感じる出来事が毎日毎日、山のようにあったはずなのです。みいちゃん自身の闘いと同時に、かあくんとママにもその試練は、始まっていたのだと思います。

入学して二日目。いよいよ楽しみにしていた給食が始まります。みいちゃんは、給食をとても楽しみにしていました。保育園のときもみんなと一緒に食べる給食が楽しくて、よく給食の報告をしてくれたものです。

でもここに、まず小学校生活における最初の試練がありました。

保育園では、なんの問題もなく食べられていた給食を、小学校の教室では食べることができませんでした。お箸が持てません。お椀も持てません。当然、食べ物を口に運ぶことができません。そして、口も開きませんでした。

この事態は、保育園時代を知るかあくんにとっても私にとっても、想定外の大きな試練となりました。これから始まろうとするみいちゃんとみいちゃん家族の、さらなる苦難が一瞬見えたような気がしました。

保育園とは全く違う環境であるという事実。小学校は、みいちゃんにとって期待と不安が交差する別世界であり、その期待と不安は、みいちゃん自身は全く制御ができないということ。それを入学二日目にして、目《ま》の当たりにしました。

環境の変化は、みいちゃんに新たな試練を与えることになったのです。この日以降、みいちゃんは、小学校の6年間、そして中学校（養護学校中学部）でも、クラスのみんなと一緒に教室で給食を食べられたことは一度もありませんでした。

あんなに楽しみにしていた給食。食べることが全くできず、どんな気持ちだっただろうと思うと、みいちゃんをこんなふうに生んでしまった私は、自分を責めるしか悲しみのやり場がありませんでした。

でも、助けられたのは、そんな状態になっても、みいちゃんがとても元気で、学校へ行くことを毎日楽しみにしていたということです。

給食が食べられなくても、お茶が飲めなくても、体が自由にならなくても、みいちゃんは不思議なくらい学校が大好きでした。その強く生きるみいちゃんの姿に、私のほうが戸惑いました。初めは受け入れることができなかったほどです。

みいちゃんは、私が仕事から帰ると、いつも元気に学校の様子を報告してくれました。

「ママ！　今日は給食、すっごいおいしいやつやった！」

「今日は、体育で◯◯した！」

とうれしそうに話をしてくれるのです。でも、みいちゃんが給食を食べることはなく、体育で体が動くわけでもありません。

最初、どう返事をしていいのか本当にわかりませんでした。

みいちゃんは給食を食べたかったはずなのに。みんなと一緒に体育の授業で体を動かしたかったはずなのに……。

でも、そのうち私は、みぃちゃんは、私たちと全く違う生き方をしているんだということに気づいたのです。この時、自分が生きてきたなかで知っている「食べる」「動く」という概念を壊す必要がありました。


みぃちゃんは、給食を「目」と「心」で食べます。

体育で体が動かなくても「目」「心」は動いています。


それでいいのです。

それが、みぃちゃんがこの世界で楽しく生きていく手段、みぃちゃんが見つけた生きる道だったのです。見えている世界ではなく、見えない世界を感じること、別の言い方をするなら、「気」を感じて生きるということです。私はそう解釈するようになりました。

◇初めての遠足とキャラ弁

1年生の初めての遠足では、キャラ弁（キャラクターのお弁当）を作ってあげました。前日にみぃちゃんからリクエストをもらっていたからです。

「ママ、明日、かわいいお弁当にしてや。かわいいやつやで」

と何回も笑顔で言ってきます。

翌朝、おにぎりをキャラクターのお顔にしたお弁当を準備し、水筒には冷たいお茶をいっぱい入れてみいちゃんに渡しました。

もちろん、みいちゃんが遠足先でお弁当もお茶も口にできないことはわかっていました。でも、そんなことはどうでもいいのです。楽しみにしているみいちゃんに想いを合わせてあげることが、私ができる唯一のサポートでした。

遠足のときのキャラ弁。かあくんのお弁当（上）とみいちゃんのお弁当（下）

「みいちゃん、かわいいお弁当にしたからね。全部食べてやー。残したらいややでー。楽しんでおいでよ」

「わあ、ママ。むっちゃかわいいお弁当！」

キャラ弁をすごく喜んでくれて、笑顔で遠足へ出掛けました。遠足先でのお昼の時間は、みんなと一緒にお弁当を広げます。

「わあ、みいちゃんのお弁当かわいいね」

「私のお弁当にも○○が入ってる！」

そんなたわいもない会話を楽しむ、お友達とのお弁当の時間。

ですが、実際にはみいちゃんはお弁当を食べられません。自分でお弁当を出すことも、お弁当のフタを開けることもできません。先生が、みいちゃんの前にお弁当を広げてくれます。単にお箸が持てないから食べられないのではなく、みいちゃんの体が眼球以外は硬直しているため、食べさせてあげることもできず、手を差し伸べてくれる誰かがいたら解決するものでもありませんでした。

きっとお腹が空いているはずです。のどがカラカラかもしれません。それなのに、みいちゃんには、目の前でみんなが美味しそうに食べている様子をひたすら見ているだけの時間が過ぎていきます。

そんな様子を先生から聞いて、最初のうちは涙が止まりませんでした。なんとかして一緒に食べられるようにならないかと、いろいろなことを試しました。でも何度訓練しても食べることはできない日々が続きました。

でもそんななかで、次第にみいちゃんが自分で一生懸命、自分らしく生きる術《すべ》を探していることに気がついたのです。先ほど書いたように、生きている次元が違うことにも気がつきました。

遠足から帰ると、みいちゃんが報告をしてくれます。

「ママ！　お弁当おいしかった！」

「でもちょっとおにぎりが大きかったし！　次から小さくしてや」

夜、そんな会話をみいちゃんとします。フルタイムで働いている私は、みいちゃんが遠足から帰ってくるときには家にいませんでしたが、みいちゃんが自宅でお弁当を食べたことは知っていました。

みいちゃんは、お弁当を「目」と「心」で食べます。「気」で食べます。それで充分、みいちゃんは楽しくて満足なのです。私たちが口で食べるのと変わらず、同じ感覚なのだと思います。五感でお弁当を食べるのです。かわいそうだと思うこと自体、間違っていたことに気づきました。帰宅してからお弁当を食べることに対してもなんら悪気もなく、それが「みいちゃんのスタイル」。そんなふうに理解できるようになりました。

◇みぃちゃんの「生きる力」

五体満足で生まれてきた私たちには、到底、理解ができない世界観かもしれませんが、私たち人間は、細胞をその環境によって変化させていきます。進化する動物なのです。小学校に入ったみいちゃんは、極度にできないことが増えていましたが、一方で心の細胞は、大きな進化をしていました。

この頃から、私は、みいちゃんに教えてもらうことがどんどん増えました。

私たちが、何も感じることなく普通にできているすべての出来事に対しての感謝。

「今を生きている」ということがどれほど幸せなことか。

「生きる力」というのは、生まれたときに授かるすべての人間に与えられた素晴らしい力だということ。

みいちゃんは小学校1年生にして、私たちが経験したことのない次元の違う空間に存在していたように思います。

それは、自分の置かれた環境に、みんなと同じように適応できなかったとき、自分自身で生きていく術を見つけ、その環境を作りだした結果なのだと思います。心が柔軟な子どもゆえにできたことなのかもしれません。

もし私が人生の後半で、事故や病気で声が出なくなり体が動かない状況になったとしたら、これまで当たり前にできたことができなくなったことを嘆き悲しみ、立ち直るまでには相当な時間がかかるかもしれません。しかしみいちゃんは、自分が生きやすい環境を作りだし、適応することを自分で成し遂げ、自分の居場所を少しずつ広げていったのです。それは、みいちゃんが持つ「生きる力」でした。

そして私もみいちゃんの母親として、我が子が作り上げた世界観に徐々に順応していったのです。

「みいちゃん、今日のお弁当もかわいいやつやでー。ママ、頑張ったんやからなー」

「うわあ、かわいいい！」

みいちゃんと私のなかでは、お弁当を物理的に食べる必要は全くありませんでした。心を込めて作ったその「気持ち」。そして、作ってもらった感謝の「気持ち」。目には見えないそんな「気持ち」のやり取りだけで充分でした。

みいちゃんは、お昼にみんなと食べられなかったことなど何もなかったかのように、学校で食べられなかったお弁当を帰宅後にリビングで広げて食べます。

それがみいちゃんが自然と生みだした、この世界での「生きる道」なのです。

最初は、なんで？　なんで？　どういうこと？　どうすればいい？　そんな想いの連続でした。でもそのうち、みいちゃんの世界観にどっぷりはまりはじめました。すると気持ちがとても楽になりました。

世間の常識、当たり前の出来事は、私たち（大人）が勝手に決めた、ただ圧倒的多数というだけの事象です。みいちゃんがそれに合わせる必要はありません。

それから私は、みいちゃんが見つけた新しい世界観のなかで、みいちゃんと一緒にみいちゃんが生きていける場所、生きる術を探すことになったのです。

◇みいちゃんの涙

みいちゃんは過去に一度だけ、小学校で涙を流しました。確か1年生のときだったと思います。逆にいうと、あの涙を最後に二度と学校で泣くことはありませんでした。

何が原因だったのかは今でもわかりません。

ただ、小学生になり新しい環境でいっぱい友達を作って、いっぱい楽しいお話をして、いっぱい遊びたい――そんなわくわくした想いで入った小学校だったはずです。

それが、一切叶わないということを、みいちゃんはわずか6歳で知ることになりました。自分の現実を知るには早すぎます。

みいちゃんの涙は、きっと、できないことに対する悔し涙だったはずです。体が動かなくなる緘動の症状が出たときでも、唯一眼球だけはみいちゃんの意思で動かすことができました。皮肉にも、目から涙を流すことだけは、どんな状況でもできたのです。

ただ、みいちゃんの涙が頬をつたって流れてくることはありませんでした。目に涙をいっぱいためて、じっと一点を見つめて動かないみいちゃんがそこにいました。

私はみいちゃんの背中をさすって、人間のエネルギーをいっぱいチャージしました。

みいちゃんが緘動の状態から解放されるためには、人の温かいエネルギーが必要でした。不思議なことですが、動けなくなっていても、誰かがみいちゃんの体にそっと触れて、ほんの少し背中を押してあげるとみいちゃんは、動くことができました。その手を離すとみいちゃんは止まり、触れてあげるとまた動きました。まるで、ぜんまいの切れた人形のようでした。

ですから、少し後になってからですが、みいちゃんがこの世界で生きていくには、みんなのエネルギーが必要だということを、教室でクラスのお友達に説明しました。みいちゃんが生きていくには、人の助けが不可欠だったのです。そんなみいちゃんを、私はなぜかとてもいとおしく感じたことを覚えています。

人間のエネルギーがあれば、生きられる人種。

人は、一人では生きていけません。誰もが、どこかで誰かに支えられながら生きています。でもそれは、目に見えないものであることも多いのです。そんななかでは、自分が誰かに支えられて生きていることさえ忘れてしまいがち。ですが、みいちゃんは違いました。誰かに支えられて生きているということを目に見える形で教えてくれます。みいちゃんの体は、誰かに触れてもらえると、動くのです。みいちゃんに触れた人も、自分の助けでみいちゃんが動くことを目に見える形で実感できます。

みいちゃんは、自分の人生を犠牲にすることで、地球に存在する私たちに何かを伝えにきてくれたのではないかと私には思えました。

みいちゃんは、みんなからの温かいエネルギーがないと生きていけないんだよ。
人は、一人では生きていけない。
自分も誰かを支えられる存在になれるように。
そして、自分が辛いときや困ったときは誰かを頼ってもいいんだよ。

そんなメッセージを伝えに……。

こうしたことは理屈で証明できることではありませんが、みいちゃんの症状の不思議を思うとき、「人間だけが持つエネルギー（大きな力）」の存在を感じています。

緘黙症状と緘動症状

◇人・物・場所のトライアングル

みいちゃんが自分らしくいられる空間には一定の条件がありました。

それは、人・物・場所の条件が揃ったトライアングルでした。人が大丈夫でも場所がダメな場合は、緘黙・緘動の症状が出ます。私と一緒でも学校で動けなくなったのは、場所・物が条件に適合していないからでした。反対に、いつもは自由でいられる自宅でも、お客さんや先生が来ると動けませんでした。場所（自宅）が良くても人・物が条件に適合していなかった場合は、自宅でも緘動症状が出てしまうのです。

このトライアングル（3つの条件）をマッチさせることはなかなか厳しく、結果的には、自宅で家族と過ごす時間だけが、みいちゃんがありのままの自分になれる唯一の空間でした。6面のルービックキューブを揃えるよりもはるかに困難なのです（具体例は第6章「「人」という不安要素への取り組み」〈235ページ〉参照）。

トライアングルが揃っていなかった小学校低学年の頃のみいちゃんの生活は、改めて振り返ってみると、すさまじいものがありました（この頃はまだ、かあくんと一緒であれば、自宅から歩いていく集団登校ができていました）。

まず、7時にかあくんと家を出ます。授業が終わる夕方16時頃まで学校で過ごしますが、その間、給食は食べられず、水筒のお茶も飲めません。文字通り、飲まず食わずの学校生活です。事実、夏は脱水症状になることもしばしばでした。それでも低学年のうちは楽しんで学校に行っていました。

下校後は、かあくんと放課後デイサービスの場所へ行きます（共働き家庭なので、学校が終わったあと、子どもたちを預けていました）。その後、放課後デイサービスの送迎で自宅に帰ります。帰宅は18時。朝の7時から18時まで、毎日11時間という長い間、みいちゃんは飲まず食わず、話せず、体が自由にならない生活を送っていたのです。

帰宅後、就寝までを5時間とすると、

睡眠：8時間

自由にならない時間：11時間

自由になる時間：5時間

おおまかにいうと、そんな構成で毎日の生活が繰り返されていました。ちょっと想像しただけでも、大変な苦痛と試練の連続だったことがわかります。しかし当時は、みいちゃんにとっても、私にとっても他にできる策がなく、これが当たり前の生活になっていました。

そして随分経ってから、この生活が、みいちゃんの心と体に相当な負担をかけていることにようやく気がつくのでした。のちに「不登校」という形で、みいちゃんは声を上げたのです。

◇子どもたちの優しさと双子のかぁくん

学校では、そんな姿のみいちゃんに、子どもたちはとても優しくしてくれました。誰が何をお願いするわけでもなく、周りの子どもたちは、ごく自然体でみいちゃんに優しく、手を取って一緒に歩いてくれたり、一緒に遊んでくれたり、みいちゃんができないことはみんなでサポートしてくれました。クラスメイトとは、とても良い関係ができていました。

学校にみいちゃんの様子を見に行くと、休み時間にはいつもみいちゃんの周りは人だかりができていました。その頃は、みいちゃんは、今よりももっと表情が豊かで、みいちゃんの喜怒哀楽は、表情を見るだけでわかりました。私が学校で子どもたちに出会うと、一斉に、

「あ、みいちゃんのママや！」

と言ってみんなが寄ってきてくれます。みいちゃんが人気者であることがとてもよく伝わりました。

「みいちゃんママ！　みいちゃんっていつもおうちでどんな感じ？」

「みいちゃんは、おうちではお話ができるの？」

「みいちゃんが好きなことは何？」

「みいちゃん、トランプとかできる？」

みんなが私に質問を投げかけてきます。

みいちゃんと遊びたい。みいちゃんを喜ばせてあげたい——そんな子どもたちの温かい想いが、手に取るようにわかりました。

私は子どもたちの熱いエネルギーを目一杯受け取りながら、

「みいちゃんね、お話ができなくて体も自由にならないけど、みんなのお話は、すごく聞いているよ。いっぱい話しかけてあげてね。みいちゃんは、みんなと遊んだこと、おうちではいっぱいお話ししてくれてるよ」と、家でのみいちゃんの様子を一生懸命伝えました。まるで、みいちゃんのことを伝える伝書鳩のように。

子どもたちはとても純粋で柔軟で、お話ができなくて、立つことも座ることも、字を書くこともできないみいちゃんに、そのまま順応していました。

社会の課題となっている障がい者と健常者の壁など、そこには何ひとつ存在しませんでした。みいちゃんのありのままの姿を受け入れる環境は、子どもたちの世界観のなかにはきちんと存在していることを知り、とても感銘したことを覚えています。おそらく、誰が教えたというわけでもないでしょう。

障がい者と健常者の壁。そんな壁を作っているのは、間違いなく私たち、大人だ。そう改めて感じました。


小学校でみいちゃんは、朝、下駄箱で上靴に履き替えるのがまず最初の難関でした。靴を脱ぐことも上靴を取ることも、履くこともできずに一人たたずむみいちゃん。でも、いつも近くにいる誰かが気づき、上靴を履かせて教室まで連れていってくれました。教室まで連れていく子、教室でバトンタッチされランリュックを肩から下ろしてくれる子、教科書を出して机の中にしまってくれる子、帽子を取ってくれる子……、みいちゃんのサポートは、子どもたち同士のリレーみたいなもので、誰が何をするかが決まっているわけでもないのに、素晴らしい連携プレーが出来上がっていました。

「いつもありがとうね。みいちゃん、お話しできないけど、いっつも『みんなありがとう』

って思っているからね」

そう言ってあげると、子どもたちはこう返してきました。

「えっ、みいちゃん、お話ししてるよ。いっつもね、お顔の表情で。声はなくてもちゃんとお話しできているから大丈夫！」

子どもたちに、声は必要なかったのです。確かにみいちゃんは、お顔の表情で喜怒哀楽を伝えていました。体が硬直していても、心がほぐれて緩まっているときは、にっこりした笑顔を見せるのです。歯を見せるような笑顔はできませんが、口元が上がり、笑っているのがわかるのです。そんなみいちゃんの表情を子どもたちは、しっかり受けとめてくれていました。


みいちゃんのクラスには、双子のかあくんがいました。かあくんは、私が言うのもなんですが、とっても心の優しい子です。そして、明るい！　おもしろい！　そんなやんちゃ坊主でした。だから、友達もいっぱい。

そんなかあくんは、みいちゃんとクラスのお友達とをつなぐ役目を担っていました。これは意図したわけではなく、クラスの子どもたちにとって、自然とそんな関係になっていたというだけです。

みんなが、かあくんにも聞きます。

「かあくんは、みいちゃんといつも話してるん？」

「みいちゃんって、おうちでは普通に話せるん？　動けるん？」

そして、かあくんはみいちゃんのことをみんなに伝えます。

かあくんがクラスにいるのといないのとでは、きっといろいろなことが違っていたのでしょう。かあくんがいてくれたからこそ、みいちゃんは孤立することなく、学校でみんなと楽しく過ごすことができ、表情で喜怒哀楽を出すことができたのだと思います。

先にも書きましたが、みいちゃんがこの世に生を享《う》け生まれてくるとき、きっとみいちゃんは双子を選んできたんだな、と今でも思っています。それくらいみいちゃんにとって、かあくんの存在は大きいのです。

◇悪意なき中傷

そんな楽しい学校生活を送ってはいましたが、悪意なき中傷は存在しました。

ほんの一部の特定の子から、話せずに体が動かないみいちゃんは、体をつねられたりしていたのです。他の子どもたちがその様子を見つけてみいちゃんを守ってくれていましたが、みいちゃんにとっては、悲しい出来事の一つとして心に残っています。

ただみいちゃんは、その子のことを告げ口したり、誹謗《ひぼう》したりすることは一切ありませんでした。私が事実を確認しても、その子のことは話さないのです。みいちゃん自身が心のなかにしまっている出来事なのです。ひょっとしたら他にもそういう出来事があったかもしれませんが、みいちゃんは、人の支えなくして学校生活を送れないので、「ありがとう」以外の気持ちはみいちゃんからは出てきませんでした。

そして、悪意なき中傷は、むしろ大人の社会で発生しました。

介助なしでは学校生活を送れないみいちゃんは、体育を見学したり、学校行事をお休みしたり、時には私が付き添ったりしました。これはもちろん、学校側と相談し、学校の配慮のうえでしていたことです。できないことはあきらめざるを得ませんでしたが、できると思うことは支援の先生に介助してもらい、なるべく参加させました。

楽しみにしていた郊外学習には、トイレと昼食の問題のため、私が随行していました。事前に調整していた時間に待ち合わせをし、みんなの様子が見えない場所まで離れ、トイレと昼食を私と済ませてから再び合流して夕方まで郊外学習に参加します。小学校の6年間、郊外学習や修学旅行など行事のたびに行っていました。これは、私にとっては大きな負担になっていたのですが、みいちゃんが学校行事に参加するには、これしか方法がなかったのです。

このような事例は、どこの学校でも行われている「合理的配慮」*注の範疇《はんちゅう》にあたる対応で、決してこちらのわがままでお願いしていることではありませんでした。学校側から付き添いをお願いされることもありましたし、行事内容によってはこちらから早退をお願いすることもありました。都度、みいちゃんの様子を見ながら学校と相談をして進めていたのです。

しかしそれらは、大人社会からの誹謗を受けるきっかけとなりました。


「あの子だけ、いつも特別扱い」

「うちの子も見学させたい」

「うちの子も苦手で嫌がっているのにやっている」

「うちも付き添いをしてあげたいのに」

「そんな特別扱いは、子どもたちにも影響があるのでやめてほしい」


こうした声は、親御さんから私へ届きました。

その多くは、みいちゃんのことを学校で数時間見ただけの方や、みいちゃんに会ったことのない方々からの声でした。

当然、そんなことを言われているとはみいちゃんには言えませんが、こうした声が出始めてからは、できるだけ授業に参加するようにと、みいちゃんに遠回しに話すこともありました。

　でもそれが、結果的にみいちゃんに負担を強《し》いることになり、不登校の始まりとなるのです。


　私は当時、障がいを持つ子の親の宿命を感じはじめていました。子どもの障がいを嘆くなかで、親である自分自身が、この大人社会からの中傷に耐えられるだけの心の強さを持たないといけないという宿命です。

「この子は絶対に私が守っていくんだ」という折れない気持ちがなければ、その中傷に耐えることはできないでしょう。かあくんがまだ幼かった頃に私に言ってくれた「みいちゃんは俺が守ったるから」という言葉。これは、かあくん自身が自分をそうさせるためにつぶやいた、自分への約束事なのかもしれません。かあくんにだけその試練を与えてはいけない――そう改めて思い、私はこの頃から随分と強くなれたのです。みいちゃんを中心に回りだした家族の力です。

　そして、障がいを持つ子が一生懸命生きる姿を「特別扱い」と考える思考が、まだまだこの国の大人社会に存在していることにとても心を痛めました。

障がい者と健常者の壁を作りだしているのは、明らかに私たち大人だということを何度も何度も感じる出来事があったのです。

障がいの有無にかかわらず、あなたの子どもが、もし心の痛みを伴うような出来事や危害が及ぶようなことがあったとしたら、あなたは、命がけで我が子を守るでしょう。それが、のちに「みいちゃんのお菓子工房」が誕生する原点ともいえる「みいちゃんファミリー（杉之原家）の強さ」なのです。

＊注　合理的配慮
障がいがあることによって生じる困り事の解消や軽減に向けて、学校でも必要な対応をしていくという考え方と、その行動のことをいう。

みいちゃんの特性と向き合う

◇「場面緘黙症」は一つの側面にすぎない

みいちゃんは、動けないのか、動かないのか。それは今でも時々、どっちなんだろうと私でさえ思うときがあります。そんなとき、みいちゃんに聞いてみても「わからない」としか答えません。きっと本当にわからないのだろうと思います。自分の体を自分の意思で動かせないのだから、人に納得してもらう説明なんてできるわけがないのです。

ところで、私と二人で外出したときに徹底しているルールがあります。それは、介助をしないということです。普段は、介助を受けながらでないと歩けないので、誰かに一緒に歩いてもらっています。でも、それではいつまでたっても成長しません。

私と出かけるときは、いつも私はみいちゃんの2メートルほど前を歩きます。後ろではダメです。必ず前にいないといけません。みいちゃんの後ろにいると、二人のときでも歩けません。私が前を歩くと、私についていこうとしてくれるので、そうすると介助なしでもついてこれます。親子で歩くというごく普通のシーンですが、その距離感は傍《はた》から見ると少し違和感のある光景に映るでしょう。いつも少し離れて、突き放したように私が前を歩くからです。

しかしこれは、日頃できる重要な訓練の一つで、ずっと続けているものです。でも時々、失敗することがあります。大きな駅などで人が密集している場所を通ったときなど、気がついたら、後ろにみいちゃんがいないことがあるのです。

「しまった！」と思い、歩いてきた道をすぐに戻ると何十メートルも戻った先に、動けず立ちすくんでいるみいちゃんを見つけます。

みいちゃんは、人・物・場所のトライアングルがマッチしないと自由になれませんが、その条件をクリアする一線はいまだに見えてきません。順調に動いていても、トライアングルが不適合になるときが突然やってきます。どこにその一線があるのか、全くわからないのです。何十メートルも前のどこかの地点で、なんらかの不安要素が働き、物と場所が条件に適合しなくなるのです。そんなとき、みいちゃんはぜんまいが切れた人形のように機能停止します。

みいちゃんは、「場面緘黙症」ということで知られていますが、実際にはそうではありません。当初、わかりやすく表現するために、みいちゃんに出ている一つの症状として「場面緘黙症」と伝えていたにすぎないのです。

根本には社会不安、不安障がいが起因しています。私たち家族にとって、みいちゃんの障がいに関する大きな問題は、声が出せないことではありませんでした。それ以上に、体が動かなくなる症状のほうに困難を感じていたので、そちらの症状を改善させることが最優先でした。体が自由に動けなくなる症状を克服、改善しない限り、声を出せるはずがありません。

今では全国から場面緘黙症の当事者、場面緘黙症のお子さんを持つ親御さん、症状を克服された方から多くの温かいメッセージをいただくようになりました。克服された多くの方は、「場面緘黙症」の方です。声が出せない時期があっても体は動いていたという方が大半でした。私たちも、いつかみいちゃんが話せるようになる、克服のときを夢見てはいますが、克服したい優先順位は、体の硬直のほうが上なのです。

大学の場面緘黙の専門である教授を訪ねたときも、場面緘黙症とは、みいちゃんに出ている一つの側面であって、「場面緘黙症の子」というふうに見てしまうと判断を誤る、とアドバイスをいただきました。まさにその通りだと思いました。私のなかでは、そう教えていただく一年くらい前から、一般的にいわれている場面緘黙症の症状とみいちゃんの症状とは違うことに気づいていたので、その頃は私自身がこの言葉を、表向きには使わなくなっていたのです。

「みいちゃんは、ただ声が出せないだけ。大人になれば、すぐに克服できる」

みいちゃんの症状に対しては、そんな声が圧倒的で、奥底にある「自分の意思で体を動かせない」という難題は見過ごされていることが多かったからです。

振り返ると、小学校での大人社会からの誹謗中傷も、「声が出せない子（にすぎない）」という誤解があり、本当の困り事であった「体が動かせなくなる」ということに気づいてもらえていなかったために生まれたものだったのかもしれません。

◇みいちゃんの特性の具体例

みいちゃんには、実際にかなりたくさんの特性（症状）が潜んでいます。検査をすれば見えてくることもあるのですが、みいちゃんの体の固まりが障壁となりさまざまな検査ができない現実を抱えています（例えば、検査中に、体の硬直が起こり字が書けなくなる等）。大袈裟ではなく、みいちゃんの特性はオブラートに包まれた状態なのです。

近くで接している私でも、普通の子との違いを多く感じます。ここに、みいちゃんのおもな特性を書きだしてみます。

○潔癖症

家族のなかでもおかずは菜箸必須。人が手をつけたものは食べることができなくなるので、きれいな菜箸で一番におかずを取り分ける（または、小分けにして出す）。台ふきんは持てないので、汚しても拭けない。ティッシュペーパーで拭くのが精一杯。

○10分後、30分後が怖い

一日の予定がきちんと時間単位で決まっていないと不安になる。10分後に何をしているのかがわからないと不安なため、「今、何時何分か？」「何時に何をするのか？」を常に聞いてくる。

○コミュニケーション手段はライン（LINE）

コミュニケーションは、スマートフォンのアプリのラインを使うことが多い。ただし、ライン交換後、相手とメッセージのやり取りができるようになるまで約1年はかかる。スタンプが返せれば一歩前進。体が固まる状態ではラインもできなくなるため、実際にコミュニケーションが取れるのは、ごく限られた特定の人のみ。

○視覚優位

目で見た視覚情報から物事を理解したり、視覚情報を処理して表現することが得意。映像を3D化できる能力を持つ（ケーキ作りの表現時に映像を見て3D化できるため、見たものを作ることができる）。逆に耳から取り入れる情報処理は苦手で、家族との会話も文字起こしをし、目の前にいても携帯のラインで会話をする。

○長文を作ることが苦手

会話はいつも単語か短い会話文。長文はなかなか作れない。あたかも日本語を覚えたての外国人のような感じで、単語が出てこず「あれあれ、あれ」「それ」が頻出する。

○計画を急に変更できない

予定が変わると頭が整理できずパニックになる。そうなると6時間ほど元に戻れない。

○白か黒しかない（100％全力投球）

中途半端に楽をする加減がわからないので、いつも全力。0か100かであるが、お菓子作りに関しては、0がない。すべて100の精神で取り組む。

○文章を作るのが苦手

字は書けるが、文章を書くのが苦手。とくに自分の気持ちを表現するような文が書けない。手紙の返事も書けない。

○喜怒哀楽の感情表現が難しい

楽しい、うれしい、悲しいは、すべて「普通」と表現。楽しいというのが、どの位置に存在するのかを言語化できない。反対に「10点満点中、何点だった？」という言い方で聞くと「9点」と明確に答えられる。「楽しい」という曖昧《あいまい》な表現は自分で言語化できないが、数字であれば表現できる（74ページ「頭の中は数字で整理されている!?」でエピソードをお伝えします）。

○整理整頓ができない

片付け方がわからない。きれいな片付け方を考えられない。

◇学校での支援体制

　みいちゃんにとって学校という大きな社会は、不安要素の一つになっていました。学校で楽しく遊んでいるお友達やずっと介助をしてくれている先生、支援員さんなど、そのお一人お一人が不安要素になっているわけではなく、学校に関わるすべての人・物・場所がどうしても大きな大きな不安要素になっていたのです。

　でも、そんな学校という環境下にあっても、少しずつ、個人的なやり取りの不安は緩和している様子が見受けられました。

　みいちゃんは、1年生のときは通常の学級（クラス）のみでしたが、学校と相談した結果、みんなと全く同じ環境下で6年間を過ごすことは難しいだろうとの結論が出て、2年生からは支援学級に入ることができました。支援学級といっても、みいちゃんの場合は基本は通常の学級（交流学級*注）にも席があり、必要に応じて支援学級の教室で個人的なサポートを受ける体制です。

　担任の先生は、交流学級と支援学級にそれぞれ配置され、2名体制での支援をしてくれるようになりました。加えて、みいちゃんは学校では全介助の状態です。常に支援員さんがついて移動や授業の準備、授業中のサポートなど、動かない体でもみんなと一緒に過ごせるようにサポートしてもらっていました。

みいちゃんは、人に慣れるまでにとても時間がかかります。そうした、人に対する不安も大きいなか、幸いにも1年生で全介助をしてくださっていた支援員の先生が、2年生以降も学校生活のお世話をしてくださることになったので、みいちゃんは安心して2年生に進級することができました。2年生からは、支援学級の教室で勉強することも多くなりましたが、支援学級では、みいちゃんが落ち着ける空間作りを心掛けてくださいました。

みいちゃんが大好きなぬいぐるみを教室に置かせてもらったり、みいちゃんの好きなアロマの香りを楽しめるようにしたりと、まずは、みいちゃんが落ち着ける「居場所」を学校内に作ることに力を入れてくれたのです。これは簡単そうでなかなかハードルが高く、居場所を整える環境作りには相当な時間を要しました。しかし、この居場所があれば、びっくりするスピードで成長することがのちにわかったのです。

当初は私を含む、みいちゃんの支援関係者全員が、手探りの状況でした。先生とのやり取りはほぼ毎日で、「今日はこれはできたけど、これはできなかった」「次は、このやり方でやってみようと思う」「ここは苦手なところなので、この部分は避けていきましょう」等々、学校で「人・物・場所」の幾万通りものパターンを試してみて、一つずつつぶしていき、ようやく「みいちゃんの居場所」を支援学級の教室に作ることができたのです。そこにたどり着くまでに、1年生のときからさまざまなサポートを受けて約3年ほどかかりました。

ここに至るまでには、私自身も自閉症、場面緘黙の知識を身につけようと参考になりそうな本を読みあさり、自分にできることはないかといろいろな手段を考えました。学校の何に「不安」を感じているのか、でも、その「不安」というのが誰の目にも見えないものであるため、一番わかりづらいのです。

ある日、私は先生に、みいちゃんの「不安」を見えるようにしたいと相談しました。そして、翌日からみいちゃんは、腕に心拍数が計れる時計をつけて学校に行きました。学校から帰ると腕時計をはずすみいちゃん。その時計が、時間を見るためのものではないことはわかっていたようなのですが、「心拍を測るための時計だよ」と言っても理解はしていないようでした。一日を終えたみいちゃんの心拍数は、毎晩、私が測定データを吸い上げました。時間ごとに心拍数を管理する表をエクセルで作り、学校の授業と場所、周辺の人たちの欄を作って、そこにみいちゃんの心拍数を落としていったのです。

すると、みいちゃんの心拍が乱れる時間と、落ち着いている時間が顕著に見えてきました。そこからは、ひたすらみいちゃんの心拍データの蓄積です。何百日もの心拍データを取りました。そして毎日、先生とそのデータを交換し、心拍の低いときと高いときの環境を把握することで、みいちゃんの「不安」を「見える化」していきました。時々、安心する環境作りを試みて、その結果、心拍数的に効果が見られたりすると、納得することが多くあり、手応えを感じてとてもうれしかったことを覚えています。

支援学級の教室でのマンツーマンの授業では、みいちゃんは1年かけて、なんとか字が書けるようになりました。おかげで算数ドリルも学校でできるようになり、生きていくうえで必要な「最低限の知識」は、小学校3年生までに習得することができたのです。

3年生になってからは、交流学級で勉強する機会を少しずつ増やしていき、なんとその数か月後には、たくさんのクラスメイトがいる交流学級でも、自分の力で字が書けるようになりました。それでも、鉛筆を握る力は本当に弱い力だったので、筆跡は薄く、読めるか読めないかくらいの字でした。まるでミミズが這《は》ったような、震える手で書いたような字を書くのが限界でした。

今思うと、この時期の授業は、漢字の習得、作文や日記、絵・図画工作、そして九九の習得などの算数……と、みいちゃんが、のちにケーキ屋さんを小学校6年生で始める際の大きな力となりました。あの時の勉強があったからこそお店が成り立ったわけで、先生たちが何年もかけてサポートしてくれたさまざまな知識の習得、勉強、学校での生活経験は、みいちゃんの将来に大きく影響したということなのです。そう思うと、早くからの支援体制という

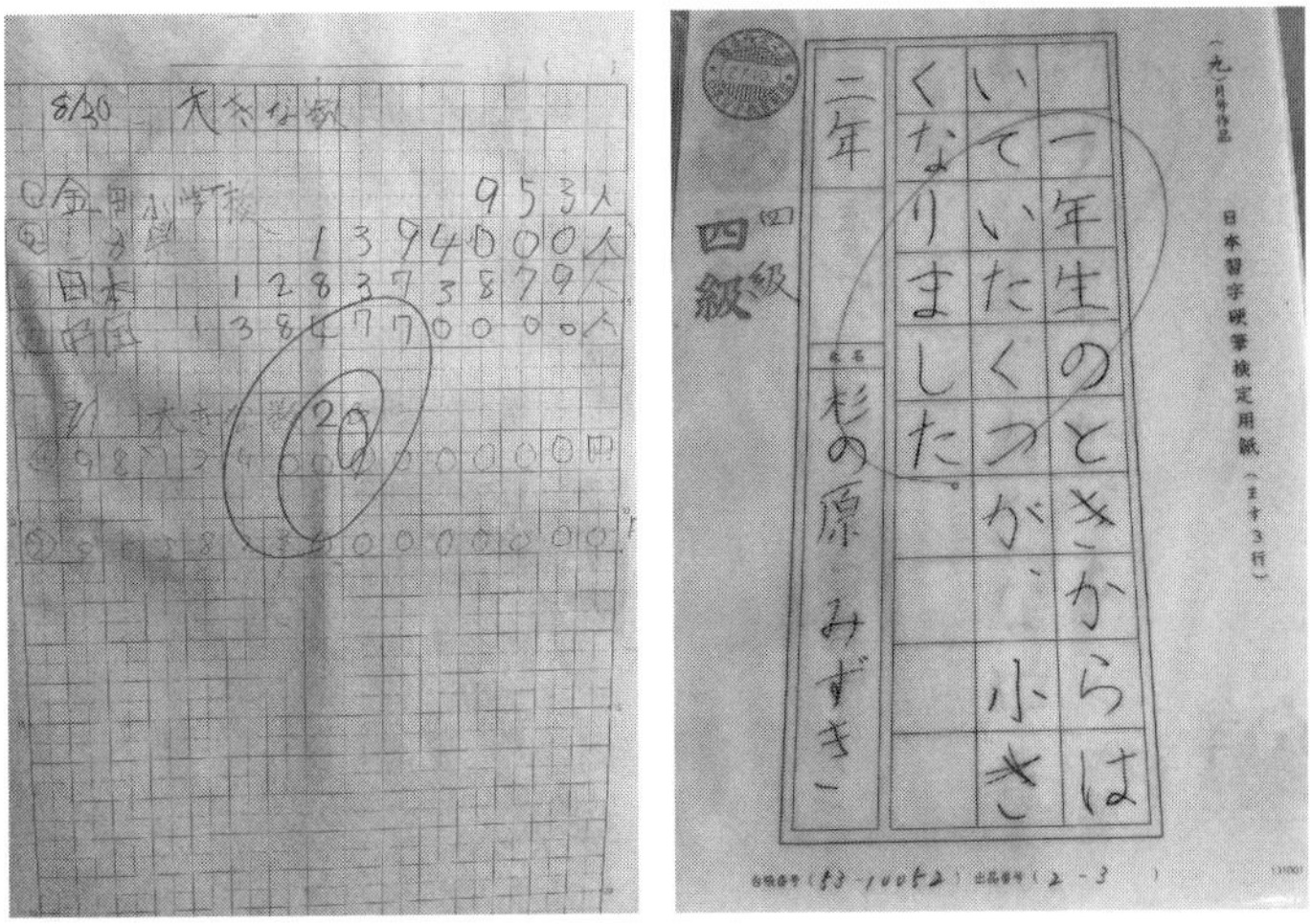

交流学級で書いた、ミミズが這ったような筆跡の薄い字（左）。家ではしっかりとした字が書ける（右）

のは非常に大切で、先生や学校とのコミュニケーションは本当に重要だと思いました。いかに、それぞれの子により合った支援ができるかの試行錯誤を重ねていけるか、日々改善するスタンスが必要なのです。

　支援体制の成果（みいちゃんにとって結果として良かったこと）を先に書きましたが、じつのところ、何をやってもダメな時期が相当長く続きました。その間は、私も含めて支援をしてくれる先生方、関係する皆さんが、どうしてあげたらいいのか、答えの見えない暗闇のなかをさまよっていました。まさに先の見えない手探り状態だったのです。

　支援体制の強化で始まったみいちゃんの

小学校生活ですが、2年生から支援学級に入ったことで大きく成果が出たといえます。3年生のときには、支援学級の教室では、みいちゃんはなんと、自分一人で縄跳びもできるようになっていました。

これは今思い返しても奇跡でした。そのあとのみいちゃんの人生において、学校内で再び同じように自分の意思で体を動かすということは、もう一度もなかったのです。のちに、私を含む支援者の、ある一瞬の気の緩みが、みいちゃんをまた「不安」という滝のなかに落とすことになってしまうのですが、それが二度と這い上がってこられない滝になるとは、誰も予想すらできませんでした。

＊注　交流学級
支援学級に在籍しながら、学活や給食、得意な教科（例えば音楽・図工等）の授業など、一部の時間のみ通常学級に移動して活動すること。通常学級のみんなと交流する、という意味で「交流学級」といわれる。

◇頭の中は数字で整理されている!?

支援学級に入ってからは、学校という「不安」の大きい空間のなかでも、特定の教室（支援学級の教室）だけは、みいちゃんの体が動く、つまり安心できる「自分の居場所」が出来上がっていました。それでも声が出ることはなく、カードを使っての「はい」「いいえ」の意思表示でさえ、学校生活のなかではできませんでした。

カードを使っての「はい」「いいえ」の選択や、自宅での会話のやり取り（「今日は楽しかった?」等の問いかけ）では、みいちゃんはこれまで一貫して「普通」という言葉しか返してきませんでした。そんなみいちゃんの様子を見ていて、私はずっと、自分の考えを誰かに知られるということが、みいちゃんにとっては、とても大きな「不安」を感じることなのかもしれない……と、16歳の誕生日を迎える、ついこのあいだまで思っていたのです。

遊園地に行ったり、家族で旅行へ行ったりして、とっても楽しそうにしていた一日の終わりに聞く「今日は楽しかった?」の質問にも、常に「普通」と答えるみいちゃん。これまで、その度にツッコミを入れ、

「それはな、『楽しかった!』って言うところなの。だって、みいちゃん、すっごい楽しんでたやん」

そんなやり取りが、15歳まで続いていました。もう最後のほうは、聞く意味もないな、とあきらめていました。

でも、そのワンパターンな返事には、ある理由があったのです。そのことに気づくまで、

なんと15年もかかってしまいました。そう、理由があったのです。

みいちゃんが15歳の後半にさしかかっていた頃、テレビの特集に取り上げられた際に改めて、みいちゃんの特性を一つひとつ整理して考える機会があり、その時に、ふと、みいちゃんの「普通」という返事には、法則があることに気がつきました。

そしてある日、これまでと同じように、みいちゃんがリクエストしてきた遊園地に一緒に行った帰り、今日は楽しかったかどうかを聞いてみたのです。でも、今までとは聞き方を変えました。

「みいちゃん、今日は10点満点中、何点くらい楽しかった？」

するとみいちゃんは、即答してきました。

「9点！」

ああ、やっぱりだ。こんな簡単なことに、なぜ今まで気がつかなかったんだろうと思いました。みいちゃんは、いろいろな特性を持っていますが、私たちが普通に使う、曖昧な表現や言葉は理解しづらいのです。「楽しい」というのが、8～10点のことを意味するのか、6～10点のことを意味するのか、みいちゃんには理解することが少し難しいのです。

ただ、数字で表現してあげると、すぐに理解ができて、自分の考えをはっきり伝えることができるのでした。

自分の考えを表に出すことを不安に感じていたわけではなかったのです。もっと早くにこのことに気づいていれば、小学校生活のなかで、カードでの返事も使えたかもしれません。それから私は、みいちゃんの頭の中は、数字で整理されているのだということがわかり、会話一つから、対応方法を見直すことになりました。

◇先生とみいちゃんの関係

体の硬直の緩和傾向が出始めた頃から、特定の場所のみではあるものの、体が動くだけで、広範囲で学校でできることが増えていきました。

支援体制とその成果が順調だったので、このままの流れで支援学級でできることを、少しずつ通常の交流学級でも増やしていこうということになり、これは私も同じ考えでした。

小学校の担任の先生、支援員さんとみいちゃんの関係はとても良好で、いたずらが大好きなみいちゃんは、声で想いを伝えることはできなかったものの、「動けるようになった体」と「顔の表情」でたびたび先生にいたずらを仕掛けていました。授業中に先生の足を自分の足でツンツンして蹴ったり、わざと枠からはみ出るくらい大きな汚い字を書いて先生を困らせたり……。これは、みいちゃんが考えた、先生との「コミュニケーションの取り方」だったのです。先生の、

「もー、みいちゃん（笑）」

という反応が返ってくるのがうれしくて、２年生の頃からみいちゃんはずっとこうして先生にちょっかいを出していました。それは小さな小さな出来事ですが、大きな不安要素がある学校という社会で、一方通行ではなく、みいちゃんの表現方法に唯一、リアルタイムで先生が反応できる事象であり、みいちゃんにとっては、それができることがとてもうれしかったのだと思います。

ただ、小学校生活で、みいちゃんがいたずらができる先生は、６年間のなかで二人の先生のみでした。２年、３年、５年、６年で支援学級の担任をしてくださった先生と、６年間ずっとみいちゃんの学校生活を支えてくださった支援員の先生です。

これは、みいちゃんが家族以外の人に慣れるのに２年以上かかることを理解してくださった学校側の見えない配慮だったのかもしれません。周りの環境をできるだけ変えないようにと、支援員さんは６年もの間、みいちゃんが学校で不安にならないように、ずっと一緒についてくださっていたのです。

Tea Time

みぃちゃんのママ's Voice

みいちゃんは宇宙人?!〔前編〕

みいちゃんと生活をしているなかで、理屈では説明できないことが山のようにあって、

「どういうこと？」

「え？　なぜ？」

という疑問が生まれる、そんな理解不能なことが日常茶飯事でした。そのうち、私の頭の中には、とんでもない仮説が出来上がってきたんです。

みいちゃんは、人間じゃないのかも。

もしかして、宇宙から来たのかも。

もしかして、地球に住む人間よりはるかに次元の高い生き物なのかも。

言葉でコミュニケーションを取る生き物なんて、宇宙から見たら、アリんこくらいのレベルなのかも。

宇宙空間に住む生き物の多くが、テレパシーで“想い”を表現するのだとしたら、言葉でコミュニケーションを取る生き物は、宇宙全体では地球だけだったりするのかもしれない。言葉を使う私たちは、ひょっとすると何億万年も旧型の人間なのか？　そんなことをマジメに考えたりする。　※後編へ続く（116ページへ）

第3章

みいちゃんの心の変化

――自分の「居場所」を探して

子どもたちの不登校

◇心の成長とともに壊れていく基盤

4年生になり、小学校生活も後半戦に入りました。担任の先生も変わりクラス替え、新しい教室、新しいお友達と、毎年4月は、みいちゃんにとって少し厳しい時期でもあります。4回目のクラス替え。緊張していたであろうみいちゃんのそばには、いつもかあくんがいます。かあくんには事前（3年生の後半）に相談し、みいちゃんと別のクラスにしてもらってもいいことを話していました。かあくんにはかあくんの人生があります。双子だからといって、小学校生活の6年間、ずっと兄としてみいちゃんを支えさせることは、私も気がかりでした。でもかあくんは、これまでのみいちゃんの様子を見てきて、どう考えても自分が必要だということがわかっていたので、

「俺は、6年間、みずきと一緒のクラスでもかまわないよ」

と快く引き受けてくれていたのです。

みいちゃんはその頃、年齢的に思春期の始まりを迎えていました。低学年の頃は、まだまだ無邪気な子どもで、いろいろなことに挑戦するのが苦になりませんでしたが、高学年に入り、心が大人へと成長していくなかで、今までの苦しみがこれからも続くということ、自分は本当にこのままでいいのかという複雑な想いが、いよいよ芽を出したのです。

一時は支援学級だけでなく、交流学級でも字が書けるまでになっていたのですが、4年生に入り、それが突然できなくなりました。人・物・場所のすべてが変わってしまったからかもしれません。その後の3年間（4～6年生）も、交流学級でみいちゃんが字を書いて授業を受ける時間は二度と訪れませんでした。3年近くかけて積み上げてきたことが、見事に一瞬で崩れ去ったのです。

当時、私を含む関係者の誰もが、一度できたことが再びできなくなることまで、想定していませんでした。普通、できることが増えていくことはあっても、逆はないからです。でもそれは、成長期に対する「常識の発想」にすぎません。ただし、みいちゃんには、この常識は当てはまりませんでした。

そして次第に、支援学級でも字を書くことが難しくなりました。先生に手を支えられて字を書くのが精一杯。そんなふうなので授業はどんどん遅れていきました。事実、4年生以降の学校での勉強は、ほとんど身につかなかったというのが悲しい現実です。

それからは、再びゼンマイの切れた人形のようなみいちゃんになってしまいました。この経験から、たとえ一度できるようになったとしても、いつまたできなくなるかわからない、という恐怖心を今もずっと持ち続けています。

再び、学校生活との闘いが始まりました。この時期は、よくかあくんに手伝ってもらったことを覚えています。かあくんは、みいちゃんのすべてを知り尽くしていました。私にはわからない学校でのみいちゃんの様子も、家でいつも報告してくれていました。

夏場には脱水症状になったみいちゃんを、誰もいない学校の隅っこに連れていき、そっとつぶやくように水分を摂ることを促してくれました。

「水筒のお茶、飲めるか？」
「飲まなしんどいぞ」
「ここは誰もこーへんから安心しろ」

学校という空間でも、自宅にいるような環境をかあくんが一生懸命作ってくれ、かあくんにしかできないサポートをいつも引き受けてくれていたのです。

それでも、学校という社会のなかでは、かあくんの力がいくらあっても足りませんでした。みいちゃんはいかなる状況でも、どうしても水分を摂ることができず、高学年にさしかかっていたみいちゃんにとって、日中のほとんどの時間を飲まず食わずで過ごすことが、心だけでなく体への負担という面でもきつくなってきていました。

そして、あんなに学校が好きだったみいちゃんですが、4年生の1学期から学校に行きづらくなりました。朝、「お腹が痛い」と伝えてくる回数が多くなり、学校を休むことが増えていったのです。学校で字を書くことができなくなったみいちゃんは、急に難しくなった勉強にもついていくことができなくなっていました。学校を休みがちになると、授業は自宅学習となりますが、自宅で学校の授業をするには親の限界がありました。かあくんにも手伝ってもらい、学校の勉強を教えてもらっていましたが、どんどん難しくなる内容にみいちゃんは完全にやる気をなくしてしまっていたのです。

すべてが負の連鎖の始まりでした。支援学級でようやく築けたと思っていた基盤が、こんなに簡単に崩れるものだと知る頃には、まるで蟻《あり》地獄に埋もれている状態で、もがいてももがいても這い上がってくることは到底できない状況となっていました。

◇我が子が三人とも不登校に

そして、4年生の3学期、みいちゃんは、とうとう学校に全く行けなくなりました。あんなに元気だったみいちゃんが、まさか不登校になろうとは、思ってもいませんでした。

じつは、三人の我が子のうち、数年前に中学生の長女も学校に行かれない時期があったので、私にはすでに「不登校児の親」の経験がありました。そのため、子どもが急に不登校になったこと自体に驚くことはなかったのですが、「まさか、あの、あのみいちゃんが……」という想いでした。これまでどんなことも自分の力で乗り越えてきたみいちゃんだったので、誰よりも強い生きる力を持っていると感じていたからです。

そのみいちゃんですら挫折した道――私は、その時、みいちゃんがこれまでに耐え抜いてきた試練を改めて、頭の中で整理してみたのです。

そして同じように、かあくんにも異変が出てきました。かあくんも不登校の始まりだったのです。実際に、当時、我が家では三人の子が学校に行かない日が多くなっていました。数年前、長女の行き渋りが始まった当初、相談へ行った先でされた話が思い出されました。

「お母さん、今は一人のお子さんのことで悩んでおられますが、過去に三人のお子様が全員不登校になって相談に来られたお母さんがいらっしゃいました。話を聞いていて私も『これはお母さんが大変だ……』とその時、強く思いました。今は、お子さんのお一人だけが不登校とのこと。でしたら今は、全力でその子に向き合ってください。そして、いつかそれが弟妹に波及することがあるかもしれません。それも想定しておいたほうがいいでしょう。もしその時がきたら、お母さん自身が倒れないように、しっかりとご自分の時間を取ってください。まず一番に、お母さんに負担がいきます。どうか、そうならないことを願っています」

そんなことを言われていたな、と思い出しました。「三人の子の不登校」というものが、こんな早くに現実となってしまったのです。これがどんなに親にとって辛い状況なのか、我が子が不登校になった親にしか絶対にわからないと思います。

世間が思う以上に不登校児の家族は、生活が一変し、日々の生活が壊れていくのです。もう這い上がれないと思うほどのどん底を経験します。私も正直、自分の子が不登校になるまで、家族がこれほど辛い毎日を送ることになるとは想像もしていませんでした。

倒れるのは、まず母親。

以前そう言われたことを、その時、初めて理解しました。押しつぶされそうな日々でした。不登校児が三人。もちろん一人ずつ悩みが違うのです。それはいきなりやってきました。

◇双子のお兄ちゃん、かあくん

じつは、数年前から、かあくんのことは一番心配していました。4年生くらいの頃から、みいちゃんとかあくんの二人は病院に通院し、大学病院で医師と臨床心理士さんに診てもらっていたのです。そこで話される診察結果は、いつもかあくんのほうの心配でした。臨床心理士さんとかあくんとの約1時間の面談では、かあくんはいつもみいちゃんのことを話していたようです。臨床心理士さんが「かあくん自身のことをお話しして」とお願いしても、妹のみいちゃんのことばかりを話し、自分のことを話すことはできないようでした。

臨床心理士さんからは、かあくんが知らず知らずに抱えている心の負担は、相当に大きいものであることを伝えられました。

みいちゃんの兄

みいちゃんの介助

「自分がどうにかしてあげないといけない」という心の負担

それらが積もり積もって、自分を押しつぶしてしまうくらい大きなものになっているということでした。そして、一刻も早くこの負担を取り除いてあげないといけない、そんなことをずっと聞かされていました。

実際、かあくんの立場は、親よりもきっとしんどいものだったと思います。元気なみいちゃんが本当に好きで、それなのに、自宅ではやんちゃなみいちゃんが、学校では変わり果てた姿になってしまうのを、一番近くで見続けていたかあくん。みいちゃんの学校での様子、そして帰宅後の様子を誰よりも知っていたかあくん。親よりずっと長い時間、みいちゃんと一緒にいたのです。大袈裟でなく、生まれてからの大半の時間を一緒に過ごしてきました。そして、幼い頃に聞かされたみいちゃんの病気のこと――大人でも理解に苦しむその症状を、子どもなりに理解し、みいちゃんを外の世界で支えてきたかあくん。双子に生まれた兄妹は、見えないところでも必ずかあくんが妹のサポートをしていました。かあくんの心は、当然のことながら、普通の子どもにはない、常にみいちゃんのことを心配するという負荷のかかった状態だったのです。

3年生の後半で、みいちゃんとクラスを分けることをかあくんに相談したのには、こんな

背景がありました。かあくんはそれでも、

「みずきと一緒のクラスでいい。俺は大丈夫やから。みずきには俺がいたほうがいいと思うし」

と言ってくれました。私はそれに甘えてしまったのです。

みいちゃんが不登校になったことをきっかけに、かあくんも同じように学校に行けない日が増えてきていました。入学以来支えてきたみいちゃんが教室にいなくなったので、張り詰めていた糸が切れてしまったのかもしれません。

この時、かあくんとみいちゃんは、やはり見えない糸でつながっているように感じました。私は心底、かあくんも心を休める時間が必要だと思い、学校を休むことを咎《とが》めたりは一切しませんでした。

人生の分岐点を迎えて（小学校時代・後半）

◇自分の時間を取り戻す

不登校になった子どもたちを前にして、私は、みいちゃんのこれまでの人生とこれからの人生を真剣に考えはじめました。義務教育といわれる学校生活の時間すべてが、みいちゃんにとっては「自由になれない時間」でした。

先にも書きましたが、みんなが持つ一日の持ち時間（24時間）のうち、みいちゃんの場合は学校に行くことで体が自由にならない時間が11時間、自宅にいて自由になる時間が5時間、残りの8時間が睡眠という時間配分で生活していました。

しかし、みいちゃんの人生の時間はみいちゃんのものなのです。

義務教育期間中は、学校に行くのが当たり前になっていますが、みいちゃんの場合は、本当にそれでいいものなのか？　決まった制度に合わせることで、子どもの人生の大半の時間が失われていくことを大人が義務化していいのか？

私はこのことを、ようやく真剣に考えはじめたのです。

みいちゃんに、自分のための自由な時間を取り戻してあげよう。

気持ちはすぐに固まりました。これはきっと親にしかできないことだからです。そして、一日の45%もの時間を「自由になれない時間」として過ごさせていたことをやめたのです。この問題は、学校に行かないことで、あっという間に解消されました。

みいちゃんは、これまで自分のために使えなかった11時間を自分のために使うようになったのです。この11時間は、ただの11時間ではなく、細胞が増え続ける大事な成長期の11時間。その時間をこれまで失っていたことの重大さに気づくまでに、それほど時間はかかりませんでした。みいちゃんは、自らの選択で、自らの人生の時間をやっと取り戻すことができました。そして私は、みいちゃんが不登校になったことから多くのことを学びました。

世の中の常識に合わせられない子どももいること。
脳の細胞が増える成長期の時間は、替えがきかないかけがえのない時間であること。
何歳であっても、誰もが自分の人生を自分で選ぶ権利があること。
子どもは大人よりもはるかに柔軟性に長《た》け、ある意味次元の高いところにいること。

子どもの「生きる力」を邪魔する権利は大人にはないこと。

自分時間を取り戻したみいちゃんは、ここからすごい力を発揮していくようになります。この時が、みいちゃんの本当の人生の起点だったと思います。


不登校児は、いまだに日本の社会では異端児扱いをされることもありますが、我が子とのさまざまな経験を経て、私は全く違う見解を持つようになりました。不登校児ほど自分の考えを持った子どもはいない。今ではそう考えています。

あなたが学校に行っていた頃、「学校に行かない」という選択をする勇気を持てたでしょうか。私には、そんな勇気はとても持てませんでした。学校にはイヤでも行くものだと思い込んでいたからです。

その選択ができる子どもたちは、それぞれが相当に勇気のある子どもたちだということです。それゆえに、とても強い意思（自分の考え）をしっかり持った子どもたちのはずです。

ただ少しだけ、一般的な社会には馴染めない何かがあるだけなのです。環境が変わると、その素晴らしい個性がどこかでマッチして花開く可能性を、誰もが秘めていると思っています。

◇スマートフォンを手に入れた自宅でのみぃちゃん

不登校が決定的になった4年生の冬。私は、みぃちゃんはもう二度と学校に行くことはない、そう思っていました。そう思うほど、これまで何があっても頑張ってきたみぃちゃんの姿を傍で見てきたからです。

みぃちゃんが学校に行かない選択をすることは、よほどの覚悟で決めたことだと思ったのです。このままずっと家から出られなくなるかもしれないと、私は急いで新しいスマホをみぃちゃんに買ってあげました。これまで使っていたキッズ携帯では、定型文でのメッセージしか送れなかったからです。

私が仕事に出ていてもすぐに連絡ができるように。そして、社会との接点を途切れさせないように。この2点だけでも心配のない状態にしておきたかったのです。

そして、スマホにはアプリケーションをたくさん入れてあげました。みぃちゃんが家で時間を持て余すことのないように、お料理を検索できるアプリ、そして写真や動画を投稿できるSNS・インスタグラムのアプリを入れ、みぃちゃんに使い方を教えてあげました。みぃちゃんは、自分のスマホを買ってもらえたことがうれしくて、算数アプリなど学習系のアプリも自分から進んでインストールしていました。こうしてスマホを触りながら社会とどこかでつながってさえいれば、いつかまたリアルな社会復帰ができるはず。私はそう思っていたのです。

みいちゃんは、学校に行かなくても、朝、規則正しく起きてきました。そして、かあくんが一人で学校に行く姿を見届けていました。勉強はリモートでできる教材を買っていたので、それを少しずつやっていました。

みいちゃんは急に時間ができたので、新しく買ったスマホでいろいろなことを調べはじめました。その時間は、学校に行っていれば存在しなかった時間です。

体が自由に動く時間が一日11時間も、突然できたのです！　みいちゃんの人生はまさに、この時に大きく変わりました。体が自由になる時間がこんなにたくさんあるなんて、みいちゃんには夢のようでした。

その反面、みいちゃん自身は、自分が自由になれる時間はものすごく短いはず。だから早くやりたいことをやってしまわないと時間が終わってしまう――そんなふうに思っているように見えました。それほどまでに、みいちゃんの時間の使い方は、

今を楽しみ、今を忘れない。

私にもっと、そんな「今」を、時間をください。

クックパッドのレシピの「焼きおにぎり」を見て、みいちゃんがママへ送ったライン

と、神様にお願いしているように見えたのです。

◇「焼きおにぎり」でインスタデビュー

ほどなく、みいちゃんはインスタグラムを始めました。みいちゃんの最初の投稿は初めて作った焼きおにぎり。これは、みいちゃんが、私にスマホのラインで相談をしてきて作ったものでした。

「今日、焼きおにぎり作りたい」
「最初は、ママとする」
「ひとりでしたことないし」

ある日、クックパッドのレシピの写真をスマートフォンで送ってきました。私は帰宅後に作り方と調味料の置き場所を教え、「一回、自分でやってみ」と任せることにしました。

これまでにフライパンなど使ったこともないみいちゃん。一人でレシピを見ながら悪戦苦闘していました。手にいっぱいのご飯粒をつけて一生懸命作ったみいちゃんの焼きおにぎりは、形がへんてこで、ちょっとつぶれていて、お醤油《しょうゆ》が焦《こ》げてしまっていました。決して上手にできたおにぎりではありませんでしたが、みいちゃんにとっては、初めて自分一人で作った「お料理」です。その達成感は半端ではなかったと思います。そして、わくわくが止まらず、すぐにインスタグラムにアップしたのです。

インスタグラム初投稿。初めて自分一人で作った料理（焼きおにぎり）に「いいね！」がつく

これは、単に一人の小学校4年生の女の子が、普通にインスタデビューした体験とは大きく異なります。みいちゃんにとってのインスタデビューは、10年間生きてきた人生のなかで、これまでにない大きな大きな「奇

跡の体験」です。みいちゃんは物心ついてから、家族以外の人から褒められたり、うらやましがられたり、「すごい」と言われたりすることが全くありませんでした。

「この子、なんにもできひん」

「なんで動からへんの」

「痛かったら、『痛い』って言ってみて」

そんな悲しくなる言葉を、目の前で嫌になるほど言われてきたのです。みいちゃん自身も、自分は他人《ひと》と違う、みんなと同じようなことが全然できない……。そんなふうに感じて自己評価を下げることもあったはずです。幼いのに、そんな人生を歩まざるを得なかったみいちゃん。

◇家族以外の人とのコミュニケーション

焼きおにぎりに対する91人の「いいね！」。それは、小さな小さな出来事かもしれませんが、ほんの一瞬、みいちゃんがこの世にいる存在感を示した瞬間だったのです。その場に私とかあくんが立ち会えたことは、私たちにとっても大きな喜びでした。その時のみいちゃんの笑顔は、今も忘れられません。

その後、2回目に投稿したときのことです。みいちゃんの投稿に反応してくれたコメントに対して、みいちゃんは自分の言葉でコメントを返しました。これもまた奇跡でした。みいちゃんが、家族以外の人とコミュニケーションが取れるなんて、その時まで思ってもいませんでした。飛び上がるくらい驚きました。みいちゃんが家族以外の人とスマホでコミュニケーションが取れている⁉ 正直、そうした場面には約10年間、一度も出くわしたことがなかったので、「我が子が誰かと言葉を交わしている」という事実をすぐには受け入れられませんでした。経験したこともないのに、どうしてこんなに上手にコメントを返せるのか全くわかりませんでした。これは、みいちゃん自身が乗り越えた大きな壁でした。小学校4年生の3学期に完全な不登校になってからすぐのことです。

インスタグラムをめぐる一件は、私にとっても考えを変える大きなきっかけになりました。みいちゃんが自分らしく生きることのできる自分の時間を持つことが、どれほど重要なことだったのかを身をもって知ることができたのです。

学校に行かなくなってから、みいちゃんは毎日、仕事中の私にレシピを送ってきて、

「今日、これ作りたい」

と伝えてくるようになりました。仕事帰りにリクエストのあったメニューの材料を買い込

んで、みいちゃんに渡す。そんな日課が数か月は続いたでしょうか。そして、「作りたいメニュー」から徐々に「作りたいお菓子」へと変化していったのです。

この時の貴重な経験は、のちにみいちゃんが180度違う人生を送るきっかけとなり、そのすべては「自分らしく生きる時間」を神様がみいちゃんに与えてくださったことから動き出しました。

少し考えてみたらわかることなのに、どうしてそれができるようにしてあげられなかったのか。みいちゃんに「自由をあげる」という選択肢があることに、なぜ気づけなかったのか。学校に行かせることばかりを考えてしまった自分自身の不甲斐なさを、ひどく反省しました。それは、私自身が生きてきた経験と、その時に持っていた世界観が、知らず知らずのうちに視野を狭め、「学校へ行くこと」が至上命題で、それしかないと勝手に決めつけていたからにほかなりません。ただただ当たり前のように学校に行き、学校で授業を受けて勉強する。それ以外は考えもしなかったのです。でもみいちゃんが、それはおかしいと私に気づかせてくれました。

みいちゃんは学校に行くことなく、自宅で毎日毎日お菓子を作り、インスタグラムに投稿し、知らない誰かと短い会話を楽しむ。そんな充実した生活を送るようになりました。自分が自由になれる時間が大量に舞い込んだのですから、みいちゃんの脳は、やりたいことばかりが頭に浮かんでパンクしそうな感じだったのだと思います。そして、多くのレシピを自分のために、家族のために作った時期はやがて過ぎ、別の局面を迎えたのです。

次にみいちゃんがしたいと思ったことは、「お友達のためにお菓子を作ってプレゼントしたい」というものでした。この動機は、みいちゃんが再び学校に行きはじめるきっかけとなります。みいちゃんの想いを、言葉以外で伝えようとするみいちゃんの新たな発信方法でした。

あとで紹介する「みいちゃんのいちご便」ができたのも、この頃です。

「生きる力」をもらった〝自然体〟のサポート

◇保育園時代のお友達

みいちゃんには、少しだけお友達がいます。そのお友達の多くは、保育園時代を一緒に過ごした仲間です。子どもたちが1歳になると、私の育児休暇が終わり、復職することにしていたため、みいちゃんとかあくんは、1歳から保育園に預けていました。

保育園時代、みいちゃんは3歳頃まで、家の外でも言葉を発していました。小さな声でしたが、声は出せていたのです。いつから声が出なくなったのか、私にもわかりません。ただ、みいちゃんとずっと一緒にいたかあくんが微《かす》かな記憶をたどって教えてくれたことは、「友達と何かの出来事があって、そこから話せなくなった」ということでした。それが本当かどうかは定かではありませんが、どういう出来事だったのか、かあくんにも私にもいまだにわかりません。直接みいちゃんに聞いたこともありますが、具体的な返事はありませんでした。

ただ、もしその出来事がみいちゃんにとって苦になるようなことだったとすれば、保育園時代のお友達とのお付き合いが、今でも続いていることはないと思っています。

今でも、みいちゃんに遊びたいお友達は？と聞くと、いつも決まって出てくるのは、保育園で一緒だったお友達の名前です。保育園生活の後半は、言葉も出なくなり、折り紙やお絵かきなどの制作物もできず、先生にサポートしてもらって過ごしていました。お友達と遊ぶときは、自分からは能動的に動けないので、お友達に手を引いてもらい仲間に入れてもらっていました。それでも、そこにはみいちゃんの笑顔がいつもいっぱいあったのです。

この頃は給食も食べることができていました。みんなと一緒に給食を食べる時間は、みいちゃんにとってとっても楽しい時間でした。そこに言葉はありませんでしたが、みんなと一緒の空間で、みんなのたわいない会話を聞いているだけで、仲間のようで充分楽しかったのです。当時はその後、小学校で給食が食べられなくなるなんて考えてもいませんでした。みいちゃんの人生で、お友達と一緒に給食を食べられた唯一のこの時期は、みいちゃんにとっても、楽しい時間として深く思い出に残っていることでしょう。

保育園卒園後も年に1回程度、保育園のお友達とは家族ぐるみで遊んでいました。その場は唯一、子どもたちの集団のなかでもみいちゃんがみいちゃんらしくいられる空間でした。ごく普通に一緒にご飯を食べたり、一緒に走り回ったりができるのです。

これは小学校、中学校では絶対に見られない姿でした。それほどまでに、保育園時代のお友達はみいちゃんが心を許した仲間です。そのお友達と過ごす空間は、みいちゃんにとって不安要素が限りなく少ない場所で、そこにはみいちゃんの「居場所」がありました。過去に一番驚いたことは、小学校6年生の頃だったと思いますが、保育園時代の仲間とドッジボールをしたことがありました。みいちゃんは誰からのサポートも受けず、自分の意思で体を動かし、他の子と変わらずにボールを避《よ》けて走り回っていたのです。それが私が見た一番最高の、みいちゃんがみいちゃんらしく走り回っていた姿でした。後にも先にも、みいちゃんがこの時ほど楽しく笑顔で、みんなと過ごしている姿を目にすることはありませんでした。

◇「居場所」を探していたみいちゃん

学校に行かない選択をしたみいちゃんは、自分の「居場所」をずっと探していたのだと思います。子どもたちも時とともに心が成長し、無邪気にお友達と遊ぶ時間のほかに、要領よく生きる術を知っていきます。みいちゃんの周りのお友達ももちろんそうです。遊ぶ友達を選ぶようになり、グループができ、人の好き嫌いも出てくる頃です。みいちゃんは友達を選ぶことはできませんが、小学校高学年になるにつれ、次第に学校での自分の居場所がなくなってきたのかもしれません。

これまでは誰もがみいちゃんに声をかけ、いってみれば一方的にみいちゃんのお世話をしてくれていました。しかしみいちゃん自身も成長していくなかで、お世話をしてもらう立場であること、誰かにお世話をしてもらわないと何もできないことを自覚しはじめ、みんなに負担をかけることを気にするようになっていったのだと思います。お友達も自分が大事であり、自分優先であることを感じたはずです。みんな思春期を迎えていました。

そうしたいろいろなことが重なって、みいちゃんは学校に行かない選択をしたのだと思います。

みいちゃんは、自分の居場所を見つけるために「学校に行かない」という選択をし、前向きな一歩を踏みだしました。

みいちゃんは、小さい頃から頑固者でした。こだわりが強く、きちんと自分の考えを持っていました。正直なところ、育児をする親側は、子育てがしづらい時期もありましたが、将来の道を選んでいく際には、みいちゃんのこの性格が功を奏したともいえます。しっかり意思表示をしてくるので、サポートがしやすかったのです。

みいちゃんは、一度決めたことはなかなか譲りませんでした。その決断をしたなりの強い理由があるからです。それゆえに、みいちゃんが不登校になったときは、もう二度と学校に行くことはできないだろう――私はそう思い込んでいました。

◇「みぃちゃんのぃちご便」

「お友達のためにお菓子を作ってプレゼントしたい」

不登校になって数か月後、みぃちゃんが私にこう相談してきたとき、私は、ようやく訪れたこの瞬間を待っていたかのように言いました。

「じゃあ、みぃちゃん、お菓子箱を作ろうよ。みぃちゃんオリジナルの。お菓子箱には、名前もつけよう！　どんな名前がいいかなあ」

そしてこのタイミングを、社会復帰させる糸口にしようと企《たくら》みました。ちょうど学校を休んで家で時間を持て余していたかあくんも賛同してくれました。

いよいよ、お菓子箱の名前をつけることになり……。

名前の案があれやこれや、二人の間で飛び交います。かあくんが次から次へとアイデアを出すものの、みぃちゃんはそれらをすべて却下。そんなみぃちゃんがとうとうＯＫを出したのです。それは、

「みいちゃんのいちご便」

でした。みいちゃんは、いちごが大好き。食べて美味しいだけでなく、見た目がかわいいので、みいちゃんのスイーツにはいちごが欠かせませんでした。とはいえ、「いちごが入ったお菓子箱」という意味ではなく、そのお菓子箱自体を「みいちゃんのいちご便」と呼ぶことに決まりました。みいちゃんが大好きな〝いちご〟の名がついた、大切な気持ちを込めたお菓子箱の誕生です。

その時、私は、それがみいちゃんが生きていることの証《あかし》、みいちゃんがこの世に存在して良いと思える証、みいちゃんの居場所につながる証になればという想いで、みいちゃんのデビュー戦は、少し慎重に進めていこうと考えました。

そして実際に「みいちゃんのいちご便」は、のちにみいちゃんが不登校、引きこもりから抜け出すチャンスをくれたのです。

◇「ありがとう」を伝えたい

これまでみいちゃんは、たくさんのお友達、先生方に支えてもらって学校生活を送っていました。そんなお友達に今度はみいちゃんが「ありがとう」を伝える番です。言葉を発することができないみいちゃんは、手作りのお菓子で「ありがとう」を伝えようとしました。

第1号となる「みいちゃんのいちご便」は、自宅で一生懸命に作ったお菓子を、箱にいっぱい詰め込みました。そして、みいちゃんは「ありがとう」を伝えに行くのです。不登校になって数か月間、みいちゃんは自宅から一歩も外に出ることができていませんでした。ある休日の日、みいちゃんは勇気を出して、お菓子箱を大切そうに手に持ちお友達のおうちに行くことにします。

「ママ、一緒についてきて。○○ちゃんにプレゼントしたいから」

ドキドキしながら相談してきました。みいちゃんが自らお友達のおうちに行くことを提案すること自体、初めてのことでした。焼きおにぎりへの「いいね！」をきっかけに、自分のお菓子作りに自信をつけたみいちゃんは、少しずつ強くなっていました。


その日はとても良いお天気になりました。外に出ることも久しぶりだったみいちゃんでしたが、かわいらしく仕上げた「みいちゃんのいちご便」をしっかり抱えて、お友達のおうちのインターホンを押しました。

出てきてくれたお友達とお母さんは、みいちゃんの突然の訪問に驚きます。

「これ、みいちゃんからのプレゼントなので食べてみて」

第１号「みいちゃんのいちご便」。パンダチョコで笑顔をお届け

箱を持っているみいちゃんの手を私が支えて、みいちゃんの手からお友達に渡しました。

「わあ、みいちゃん。ありがとう！　むっちゃうれしい‼」

そんなお友達の反応にみいちゃんは、満面の笑みです。そして順繰りにみいちゃんは、お友達のおうちを回ってお菓子箱を届けました。

普通の子であればごく普通にできる行為ですが、みいちゃんの場合、みいちゃんの意思でお友達のおうちに行ってピンポンを押すだけでもかなりハードルが高いのです。それが、難なくできてしまったことに、よくよく「お菓子の力」を感じました。

言葉ではない何か、の表現方法があれば、みいちゃんは比較的、社会に出やすいんだ……。

その時、とても深くそう思ったのです。

そして、それは見事に的中しました。


「ママ、学校の先生にも『みいちゃんのいちご便』をプレゼントしたい」


次にみいちゃんは、こう相談してきました。「よしっ」と思いました。

私はすぐに先生に相談し、本来は受け取れない児童からのプレゼントですが、みいちゃんが学校へ行くきっかけになるかもしれないこと、みいちゃん自身が先生に接触したがっていることなどを伝え、みいちゃんの自発的な想い（働きかけ）を受け止めていただきたいとお願いしました。先生は、申し出を快く引き受けてくれました。

そして、お菓子箱を持って、みいちゃんと数か月ぶりに学校に足を運ぶことになります。先生とみいちゃんは、このお菓子箱によって再びつながることができたのです。さらにこの先、「みいちゃんのいちご便」がものすごい力を秘めていることに気づくまで、そう時間はかかりませんでした。

みいちゃんにとって、今は言葉ではなく、お菓子が想いを伝える手段になるということ。

いちご便のロゴ。体が動かなくても、パンダチョコさんと一緒なら、いちごの気球に乗ってどこにだって行けて、お菓子で気持ちを伝えられる——そんな願いを込めて

この発見は、みいちゃんが今後大きく羽ばたいていくためのまさにターニングポイントでした。

　こうして「みいちゃんのいちご便」の力に助けられ、小学校5年生の1学期には、みいちゃんは再び学校に行けるようになったのです。奇跡でした。もう二度と学校には行けないと思っていたので、まさかこんな方法で行けるようになるとは思ってもいませんでした。

　それは、単に不登校からの脱却ということだけではなく、みいちゃんが生きている存在感を、みいちゃん自身に与えるきっかけになりました。誰もが、笑顔でみいちゃんに「ありがとう」と言ってくれる不思議なお菓子箱。

　こんな方法があったんだ……。私は、またひとつ勉強したのです。そして、すぐに「みいちゃんのいちご便」のロゴを作りました。それが、みいちゃんの小さな居場所になると思ったからです。体は自由にならないみいちゃんだけど、パンダさん（いちご便のお菓子）と一緒なら、いちごの気球に乗って空を飛んでいけるかもしれない。そうすれば、みんなに「ありがとう」を伝えられる――そんな願いを込めたのです。出来上がったロゴを見てみいちゃんは大喜びでした。その後、みいちゃんはますますお菓子作りを極めていくことになります。

◇みいちゃんの学校での「居場所」作り

みいちゃんの作ったお菓子が美味しいことは、みいちゃんの身近なお友達や先生方の間ですぐに評判を呼びました。美味しいだけでなく、「なんてかわいいの！」と。作る手際の良さと見た目のこだわりは、私も驚くほどでした。

数か月の不登校の末、やっと学校に行けるようになったみいちゃんでしたが、かつてのように教室で字を書くことまでは叶いませんでした。5年生になり勉強も難しくなっています。もともと勉強が遅れていたみいちゃんにとっての学校生活は、以前に比べると少し楽しさに欠けるものになっているのではないかと、私は気になっていました。

せっかくまた通えるようになった奇跡を無駄にしたくはありません。再び学校に行けなくならないようにと、先生と幾度となく相談を重ねました。そして、みいちゃんには「自由になれる時間」が必要であることをご理解いただき、心と体の負担を軽減させるために、これまで夕方まで飲まず食わずで通っていた学校を半日登校に変えました。午前中に登校し、お昼に帰宅する登校スタイルです。このスタイルに変更したおかげで、みいちゃんはその後、6年生まで通学することができたのです。

そして、学校側もみいちゃんの居場所を作るために、交流学級で「お菓子係」という係を新設してくれました。そのお菓子係に割り当てられたみいちゃんの仕事は、クラスの調理実習のメニューを決めるという大事な大事な役割です。

先生からメニューの相談を受けたみいちゃんは、初心者でも作れるお菓子のレシピを先生に提案しました。みいちゃんのオリジナルレシピはすばらしく、「ここは気をつけて」というみんなに対する注意事項も細部にわたってアドバイスが書かれているものでした。自分が提案したレシピでのクラスみんなとの調理実習は、みいちゃんの一番楽しみな時間になりました。実際の調理の時間は、みいちゃんの体は動きませんが、先生が後ろからみいちゃんの腕を支えてくださり、一緒に調理をしていました。

みんなから、

「みいちゃん、ここ難しいー」

「みいちゃん、このレシピ、むっちゃおいしい！　また家でも作ってみる！」

そんな声が調理室に飛び交い、みいちゃんの存在意義＝居場所を少しずつ取り戻していくのです。

学校側の心温まる配慮と先生方のチームプレー、そして何よりも、みいちゃんを支えてくれる子どもたちが、みいちゃんを受け入れてくれた結果でした。

◇みいちゃんとともに

このような経験をして、みいちゃん自身も「お菓子作り」に自分の居場所があることに気づいていきました。

「お菓子作り」という手段を、先生たちのお力添えで「みいちゃんが活躍できる場（存在意義）」としてとらえていただいたことで、みいちゃんの特性と学校生活とを共存させる道が切り拓かれました。この実現には、みいちゃんを支える学校側の心温まる配慮と、同年代の子どもたちによる支えからしか得られない〝自然体〟の優しさがありました。

学校は本来、勉強だけをしに行くところではなく、「生きる力」を習得するために行くところです。みいちゃんにとっての小学校は、まさに「生きる力」をもらえた場所となりました。

飛びぬけて目立った才能や個性があった場合、それをつぶさず「合理的配慮」のもとで適合していけるようにすることは、理想として掲げられていることですが、そのためには周囲のさまざまな人的サポートが不可欠です。みいちゃんが在籍した小学校では、当時、このサポートが子どもたちと先生方の全員体制で、ごく自然に行われていました。

こんな素敵な小学校に巡り合えて心から感謝しています。

学校では障がい者と健常者の壁は一切、見えてきませんでした。

きっと、みいちゃんの近くにいた子どもたちは将来大人になってからも、そのような壁を作ることはないと思うのです。大人社会のほうが幾度となく障がい者と健常者を分けて扱うような組織を作っている。これが、実体験を経て私が感じたことです。

この子たちがいつか、社会に出て責任ある立場になったとき、みいちゃんのような障がいを持った子を自分たちが支えていたということを、忘れないでいてほしいと思います。今のみいちゃんがいるのは、あの時、みいちゃんをサポートしてくれたあなたたちのおかげだということを。

その思い出は、みいちゃんとともに大切に胸にしまっておいてください。

そして、当時、みいちゃんを支えてくれた子どもたちを、温かく見守ってくださっていた親御さまにも改めて感謝の気持ちをお伝えしたく思います。

Tea Time

みぃちゃんのママ's Voice

みいちゃんは宇宙人?!〔後編〕

テレパシーでエネルギーを遠隔で送りあって生きる宇宙人の住む星が、みいちゃんが本来生活すべき星だったとしたら、みいちゃんのほうこそが旧型の私たち人間に合わせてくれていて、お友達に体を触れてもらうと動けるのは、旧型の人間から得られる唯一の接触型エネルギーチャージなのかもしれない——。

「みいちゃんが生きるべき星」の構想が次々出来上がり、そんなＳＦ映画のようなことさえ、私の頭の中でどんどん膨れ上がってしまったんです。私たちが旧型人間だったのか！　そう思い込むと、心がスーッと楽になったりもする。こんな構想を現実社会で想像する私は頭がおかしいと思われるかもしれないけれど、真面目な話、「テレパシー」を検索するとこんな解説が出てくる。

テレパシー（遠隔精神反応）とは、「視覚・聴覚などの感覚的手段によることなく、ある人の感情や思考内容が直接他の人に伝達される」こと。つまり、五感を使わず相手に心を伝達することを「テレパシー」というのです。

へえー、五感を使わず相手に心を伝達することをいうのか。五感を使わずに相手にケーキで心を伝達しているのは……、えっ！　みいちゃんだ?!

第4章

母親の苦悩と孤独
——障がい児と不登校児を抱えて

ポジティブな言葉で症状を伝える

◇みいちゃんの母親としての試練

みいちゃんの母になり、母親としての試練が幾度も、容赦なく訪れました。「障がい」といわれる強い個性を持つ子の母親になった試練です。それは、想像をはるかに超えるものでした。

まず最初に訪れた苦難は、みいちゃんの症状の説明です。

朝、誰かに会ってもみいちゃんは、ひと言も話せません。

小学校の低学年の頃は、町内で決められていた登校時の集合場所まで歩いていき、地域のお友達みんなと一緒に登校できていました。子どもたちも、そして集合場所まで付き添いで集まる母親たちも、

「おはよう！」

「おはようございます！」

「おはようー！」

と、子どもたち同士での挨拶、親同士での挨拶を交わすのが毎朝の光景でした。

ところが、みんながみいちゃんに「おはよう！」と笑顔で言ってくれるのに、みいちゃんは一人黙り込んでいます。そんな光景が何日も続き、私はどうしたらよいのかわかりませんでした。

いったいどこから、何から、誰に、何を、どう説明すれば理解してもらえるのだろうと、何週間も考えました。登校時の立ち話の数分でその症状を説明するにはあまりにも時間が短すぎました。

家では声を出せる子が、外では話せない。

家では元気に遊んでいる子が、外では体が動かなくなる。

これがシンプルな事実です。

しかし唐突に、

「みいちゃんは、声が出せないんです。挨拶が返せず、すみません」

「みいちゃんは、体が動かなくなるんです。迷惑をかけます。すみません」

そんな説明をされたとして、誰が理解できるのでしょうか。

そう思いながらも、すれ違いざまにみいちゃんの様子を伝えるには、この２パターンの紹介しかありませんでした。

時々、ゆっくり話を聞いてくださる方には、これまでの経緯や「自閉スペクトラム症」「不安障がい」「精神障がい」「発達障がい」といった言葉を織り交ぜながら、ゆっくり丁寧に説明をしていました。


「声が出せないのは、不安から身を守っているから」

「体が動かないのは、極度の不安により脳が自分の体を危険から守ろうとして安全な態勢に制御してしまうから」

「緘黙《かんもく》と緘動の症状が出ているときは、みいちゃんはある意味、とっても守られている状態だから、逆にいっぱい話しかけてほしい」


そんなふうに話しました。

しかし数か月が経ち、みいちゃんの症状をみんなに説明する回数があまりにも多く、私は疲れ果てていました。一人ひとりに説明をするとなると、一日に多いときで10回ほども同じ話を数十分にわたり続けることになります。毎日毎日……。そして、説明の最後には、「挨拶ができなくて、ごめんなさい」

「体が動かないので、手伝ってもらうこともあって、ほんとごめんなさい」
と、何かとても悪いことをしたかのように、ひたすら謝るのです。

このように、みいちゃんのことを、来る日も来る日も説明する日々が続きました。終わりがありません。朝起きると、とても憂鬱になりました。

みいちゃんは、何ひとつ悪いことなどしていません。学校では体が動かないためにできない勉強を自宅学習に詰め込んで、それでも頑張って学校に行っているのです。友達と遊びたい、そんな想いで自宅では笑顔で過ごしているみいちゃん。そんなみいちゃんを見て、私は胸が締め付けられるように苦しくなっていました。

こんなに一生懸命に生きている我が子の生き方を否定するかのように、みいちゃんを生んだ母親が周囲に謝って生きる日々。

みいちゃんが生きていること自体、誰かに迷惑をかけているかのように対応をする日々。双子を生んだとき、五体満足で二人が生まれてきてくれたことに大きな安心感を覚え、生まれてきてくれてありがとう――そう心から思ったはずなのに。

こんなやり場のない葛藤が交錯し、すべてから逃げ出したくなる日々が続きました。

みぃちゃんたち二人を生んだ6年後に、こんな形の試練がやってくるなんて、誰が想像できたでしょうか。

私は、みぃちゃんの母親として、本当にこのままでいいのか。

私がみぃちゃんにもっとしてあげられることはないのか。

違う。やっぱり違う。

我が子の生き方をこんなふうに私が否定するなんて、絶対におかしい。

私にとっては、笑顔のかわいい自慢の娘。

こんなにも一生懸命に一日一日を生きているみぃちゃん。

その後、涙が溢れる日々の末、私はようやくさまざまな迷いを吹っ切れるようになりました。

母親としてもっと強くなろう。みぃちゃんをもっと守ってあげられる存在になろう。私はみぃちゃんの唯一の母親なのだから、我が子のために、母親にしかできないことをしてあげよう。

そう私は、決心したのです。

◇みぃちゃんとかあくんの同級生への説明

そして私は、これまで一対一でみぃちゃんの説明をしてきた対応から、一度で複数名に説明できる場を持つ方法を考えました。まず、みぃちゃんのことを、身近な人たちみんなにきちんと知ってもらおうと思ったのです。

「クラスのみんなに、みぃちゃんのことをきちんと説明させてもらえませんか」

と、まず担任の先生に相談しました。

きっと、お友達もみぃちゃんにどう接していいかわからないはずなのです。自宅では、みぃちゃんがどんな様子なのかも知らないはずなのです。

そして、クラスの子どもたちの前で、みぃちゃんのことをお話しする機会をいただきました。

- 学校では話せないけれど、本当はみんなとお話ししたがっていること。
- お友達と遊ぶのが大好きなこと。
- 話せなくてもみんなの声をきちんと聞いていること。
- だから、いっぱい話しかけてあげてほしいこと。

・怖がっているわけでも、みんなを嫌いなわけでもなくて、みんなと一緒にいるのがとてもうれしいこと。
・体が動かないときでも、そっと触ってもらえると、体が動くこと。
・給食は食べられないけれど、本当はとっても食べたいこと。
・話せなくて体が動かないときは、みんなからのサポートを待っているときだということ。

子どもたちの顔色を見ながら、みいちゃんの気持ちを代弁しているように伝えました。私の話にうなずく子どもたちの反応を見て、その柔軟さに心が温かくなりました。

「だから、みんな、みいちゃんといっぱい遊んであげてほしいです」

説明の最後、そんなふうに子どもたちにメッセージを送ると、子どもたちは目をキラキラ輝かせて、

「みいちゃんと一緒にいっつも遊んでるよ！」

「みいちゃんにいっぱい話しかけるね！」

みんなが一斉に声をかけてくれました。

そしてみんなが、

「かあくん！　みいちゃん、いっつも家でどんな感じー？」

と、かあくんに質問を投げかけます。


「みずきは、家では、いっぱいしゃべるで」

「むっちゃ元気やしー」

「俺、けんか負けるしよー」

「怒ったら、むっちゃ怖いしー」

と、かあくんは気さくに次々答えていきます。

そんなかあくんはお友達と掛け合いをしながら、ほどよくみんなとみいちゃんをつなぐ役目を果たし、みいちゃんの声になってくれていました。

みいちゃんは、かあくんがそんなふうに話をしているとき、教室で時々、ニコッと表情を緩めるのです。かあくんがみいちゃんのことをおもしろおかしく話してくれることで、みんなと一緒に会話に加わっているみたいでうれしいんだな、そう感じました。

そして、その日から私は、誰かにみいちゃんのことを説明するときは、かつてしていたような言い方をするのをやめようと心に決めました。


「話せなくてごめんなさい」

「挨拶ができなくて、失礼をしてしまいすみません」

「一人では何もできないので、ご迷惑かけます」


そんなネガティブな言葉はできるだけ使わないようにし、これまで使っていた言葉を裏返してポジティブに言い換え、みいちゃんのサポートをお願いするようにしました。


「話せなくても、ちゃんとみんなの声を聞いています」

「言葉では返事ができませんが、表情でお返事をします」

「自分で自分の体が動かせなくなるけれど、みんなが少し体に触れてくれると、動けるようになります。力を貸してあげてください」

説明の仕方ひとつで、こんなにも聞こえ方が違い、印象が変わり、何よりも私自身の心が楽になったことに気づきました。この時、みいちゃんの母親としてどうあるべきか、少し見えてきた気がしました。人の弱みは、弱く表現することも、力強く表現することも、自分の心の持ち方ひとつだということを、みいちゃんが教えてくれたのです。

時々、支援学級の先生との懇談のあとに、みいちゃんの様子を教室に見に行くと、休み時間のたびにみいちゃんの周りには人だかりができていました。みんなが、みいちゃんと楽しそうに遊んでくれていました。

そしてみいちゃんは、学校では一番の笑みを見せていました。大声で笑うことはないけれど、そっと笑みを浮かべるその瞬間、みんなも気づいたはずです。

みいちゃんが、「表情で返事をしている」ということに。

母親として強くなろうと決意してからは、「点」ではなく「面」でみいちゃんのサポーターを増やしていこうと考えていました。そして、まず学校では、心が柔軟な子どもたちのおかげで、難なくみいちゃんの周辺には面でのサポーターができていったのです。

◇「見えない障がい」を伝える

そうして毎年、クラス替えのたびに、先生からクラスのお友達に一斉に説明する場を設けていただいた結果、みいちゃんの特性をわかってくれた子どもたちは、みいちゃんへの関わり方をかなり理解できるようになっていました。自然とみんながみいちゃんのお世話をしてくれるようになり、以前と比べると、みいちゃんは確実に学校生活が送りやすくなったのです。

そして4年生のとき、支援学級の担任の先生から、「同じ4年生の児童全員にみいちゃんのことをお話ししてもらえないでしょうか」と相談がありました。「みんな違っていい」という道徳の授業でした。みいちゃんの通っていた小学校は、この地域ではそれなりのマンモス校だったので、みいちゃんとまだ同じクラスになったことのない同級生も多く、運動会など学年全体の行事のときに、みいちゃんが特別な支援を受けている理由がわからない子がたくさんいたのです。みいちゃんは直接関わらない限り、見た感じは普通の子どもに見えるので、なぜ支援を受けているのかがわからなくて当然でした。みいちゃんの存在を事例にして説明することで、子どもたちにとっては、「みんな違って当たり前」ということが身近にもあると思えてわかりやすいのだと思いました。

「見えない障がい」というのは、本人はとても生きづらいのに、その症状が表に現れてこないため、周りの支援者にとってはサポートが非常にしづらいという問題を抱えています。

私は、みいちゃんのことを知らない子どもたちのために、これまで以上にわかりやすい説明を試みようと、みいちゃんの写真やプレゼンテーション用の資料を使いながら、お話しすることにしました。

その日は、みいちゃんはその会場には不在となるように、学校側へ配慮してもらいました。この時のみいちゃんへのケアは、のちに触れます。

そして授業の当日、子どもたちに私は、こう説明をしました。

みいちゃんは、できることがみんなと少し違います。

みいちゃんは、扱うのが少し難しい体をたまたま授かって生まれてきました。でも、ちゃんと表情でみんなと会話をしているし、声が出せなくてもみいちゃんは、一生懸命、みんなとコミュニケーションを取ろうとしています。

体がなぜ動かなくなるのか?

これも、みんなのことを怖がっているわけではないんです。

みいちゃんは、感じる力がとっても強くて、その分、不安もとても大きくなります。そして、極度の不安状態になると、みいちゃんの脳は、自分の体を「カブト」というシェルターに入れてみいちゃんを守ろうとするんです。

だから、その「カブト」というシェルターに入っているみいちゃんは、自分で自分の体が動かせなくなってしまいます。

でもね、その状態というのは、みいちゃん自身の脳が、安心できる「カブト」というシェルターに入っているときなので、じつは、見た目とは逆で、とっても安心しているんですよ。

体育館の前方に投影されたスクリーンで、絵と写真を使い、「カブト」と「シェルター」というイメージしやすい比喩を用いてみんなに伝えました。

子どもたちが、真剣に「うんうん」とうなずいて聞いてくれている様子がわかり、まずは安堵したというのが私の直後の心境です。

「へーえ、そうなんだ」という表情で聞いてくれている子どもたちもいました。

そんな会場に、周りの子とやたらお話をしている男の子がいます。

我が家のかあくんでした。

かあくんには事前に、みいちゃんのお話を学年全員の前ですることを伝えていました。これまで何度もクラスの教室ではお話をしてきたので、とくに大きな反応をすることもなく、

「ママ、今度学校来んの？　えー、先生みたいやんー」

とチャカされていました。かあくんは、4年生全員の前で私がみいちゃんのことを話すことが、なんだかとてもうれしいようでした。

ただ、私が話している間、かあくんはじっと聞いてはいるものの、時折、隣のお友達にみいちゃんのことを聞かれ、自分なりの言葉で説明をしているようでした。

少し話が逸《そ》れますが、かあくんは、毎日お友達からみいちゃんのことを聞かれては対応し、勉強だけでなく、みいちゃんのお世話係という使命を担っていました。かあくん本人は、それを負担には全く思っていないのですが、心の奥底には、どんどんその見えない負担が積み重なってきていました。

今でいう「ヤングケアラー」*注です。かあくんは、家庭ではなく学校という場所で、ヤングケアラーに該当する立ち位置にいたのだと、今となって思うのです。

みいちゃんのお世話係の使命を必然的に背負っていたかあくんは、ヤングケアラーでもあった

さて、そんな機会をもらってからは、学校全体の行事のときでも、誰もがみいちゃんとの関わり方をわかってくれていたので、一人で動けなくなっているときは、見かけたお友達が必ずサポートしてくれていました。

当時、みいちゃんが学校に楽しく行けたのは、学校のみんなのサポートのおかげであり、かあくんのおかげです。

学校で、4年生全員の前で母親としてお話をさせてもらえたことは、みいちゃんの母親として努めるべき使命であり、学校側の配慮もあって実現されたことでした。ひょっとしたら、同じような「見えない障がい」を抱えた子を持つ多くのご両親は、学校という場で、クラスのみんなに伝えることはしないのかもしれません。

しかし、学校に困り事や悩みを相談しても解決されず、どうしようもなくなったときには、学校との協議のうえで、双方が必要だと感じた場合は、教育現場も柔軟に対応してもらえるのではないかと思います。「子どもたちへの説明」という一つの方法に理解を示してくれるはずです。

一人ひとりの子どもたちが学校生活を楽しく過ごせるように、クラスのみんなが、誰かを支えたり、誰かに支えられたりすることは、教科書を読むことによる勉強では得られない、とても大事な実践の学びだと思うのです。この想いが一致すれば、その願い、その想いは教育現場に必ず届きます。

＊注　ヤングケアラー
障がいや病気を抱えていてケアを要する家族がおり、家事や家族の世話などを行う18歳未満の子どもを指す言葉。しかし、ヤングケアラーと自覚している中高生は約２％しかおらず（２０２０年12月実施の厚生労働省による実態調査より）、自身がヤングケアラーに該当しているかがわからないままケアをしている子どもの現状があることから、無自覚のままに負担がかかっている場合が多いとされる。

大人が障がい者と健常者の隔たりを作っている

◇みぃちゃんへの「合理的配慮」に対する大人の偏見

小学校とは入学した1年生のときから、常に相談をしながら、みぃちゃんのサポートの在り方を工夫してきました。そんななか、母親の私を苦しめたのは、むしろ一部の大人からの強い非難の声でした。第2章でも、「悪意なき中傷」という言葉で触れましたが、ここでもう少し詳しく、当時のこと、そして大人社会の問題について書いておきます。

みぃちゃんは、五体満足で生まれており、少し離れたところから様子を見ているだけの方には、その特性や個性は非常にわかりにくいものでした。

実際にみぃちゃんに関わることで初めて、その特性を扱う難しさを顕著に感じられます。そんな状況だったので、郊外学習に母親が付き添いをすること、行事のたびに家族がサポートに入ること、修学旅行は、泊まりで随行すること……等々、そんな学校生活のなかにおける「合理的配慮」による私たち家族の支援は、みぃちゃんと触れ合ったことのない一部の大人から、時に厳しい目で見られました。「あの子だけ特別扱い」「親がでしゃばりすぎ」、そんな声が出始めたのです。

みいちゃんは、みんなと違い、トイレに行けるときと行けないときがあります。ご飯は、みんなと一緒に食べられたことがありません。そんな状況が学校生活での日常だったこともあり、3時間以上かかる行事のときは、トイレ休憩と食事のために、家族が随行もしくはどこかで合流し、不安がなくなる場所まで、みんなから一定の距離以上離れてサポートする必要があったのです。そうでないと、行事に一切参加できなくなってしまいます。これらのサポートは、先生にも支援が難しく、みんなと同じ居場所では、かあくんが導いても無理でした。

とにかく、みんなとかなり離れた空間まで移動し、母親の私と二人だけの空間を作ってようやく、食事ができ、トイレにも行くことができました。

基本的に、私がしてきたことは、食事とトイレの介助のみです。そして、お友達と一緒の時間に私が介入することは避けました。そこは学校の授業中でもあるので、先生の管理のもとで、先生やお友達にサポートをお願いしていました。学校のなかにまで母親が介入することは、子どもにとってもよくないと思っていたからです。郊外学習などで学校の外の行くときは、事前に先生と待ち合わせ場所を決めて、みいちゃんを迎えに行き、みいちゃんを預かると、トイレと食事を済ませます。その後再び、先生にみいちゃんを預ける、そんな支援を小学校の6年間、ずっとしてきました。

ただ、それさえも、一部の方には認めてもらえませんでした。親は皆、自分の子どもが一番かわいいのです。学校で、我が子を特別扱いしてもらいたい気持ちは、どの親にも少なからず存在するものだと思います。それが、この大人社会の現実であり、出る杭《くい》は打たれる慣習が、「学校」という子どもが学ぶ場である社会のなかにも、大人の介入によって存在していました。

学校で、子どもたちからあんなに親切にサポートされている姿を見て、とても微笑ましく感じていた一方で、必死でサポートする私たち家族（かあくんを含む）の姿を、快く思わない保護者の方もいました。非難のその声は、遠いところから人づてに、間接的に私のところへ届きました。おそらく、何をどうやっても否定されたのだと思います。きっと、同じ状況が我が身に起こらない限り、理解はできないはずですし、もしも理解している方がいらしたとしても、それは、上辺《うわべ》だけの理解にすぎません。私たち親子が経験してきた苦難のほとんどは、目に見えないところにあり、本当に耐え難い苦しみだったからです。それでも、そんな私たちに追い打ちをかけるように、「特別扱い」しすぎだと言われました。

もちろん私自身は、どんな非難を受けようが、全然気にしませんでした。これまでみいちゃんとともに生きるなかで、他人からの非難など気にする暇もないほど、その日その日を親子で生きることに精一杯だったからです。みいちゃんとともに日々の苦難を山のように経験していたので、自分への非難を気にする余裕すらもありませんでした。ただ、私が避けたいと強く思っていたのは、そうした非難の声が、親から子どもの耳に入り、みいちゃんが学校で、子どもたちからいじめられるような事態です。それだけは、絶対に避けたいと考えていました。

この世の中で、障がい者と健常者に隔たりを作っているのは、間違いなく大人だと私が思いはじめたのは、この頃です。

学校で見るみいちゃんの様子とサポートをしてくれるお友達の間には、そんな壁はどこにも見当たりませんでした。私たち大人は、自分の生きてきた固定観念や価値観で、子どもたちの柔軟な生き方までつぶして抑え込んでしまいます。そんな一面が、学校という社会のなかに、見え隠れしていました。

◇「場面緘黙症みぃちゃんの日記」の公開

個性的な我が子を持った場合、その家族、とくに母親は、本人と同じく、いや、それ以上にこの社会で生きていくことの難しさを突き付けられます。これが偽《いつわ》らざる今の日本社会の現実だと思います。

先にも書きましたが、母親としての自分への攻撃などは取るに足らず、そのことを苦にすることはありませんでしたが、みぃちゃんがお友達と過ごす生活で生きづらさを感じることだけは避けてあげたいという想いは、いつも変わらず持っていました。

そんな背景もあり、私は、みぃちゃんが小学校1年生のときに、自らのSNSでみぃちゃんの特性、みぃちゃんの生きる姿、苦手なこと、得意なことを発信していこうと決めたのです。人が普通にできることが、みぃちゃんにとっては、何十倍もの努力を要すること、学校での些細《ささい》な出来事が、人生を変えるくらいに大きな進展であること、そんなみぃちゃんの日々の生活、生きる苦労を知ってもらおうと、「場面緘黙症みぃちゃんの日記」の公開を始めました。

その一方で、みぃちゃんの日記の公開にあたっては、自分の子どもの障がい、特性を公《おおやけ》にすることについて、私はかなりの抵抗がありました。前向きな理由が大部分を占めてはいましたが、やはり気持ちのどこかで我が子を晒《さら》しものにするような気がして、公開を決めるまでは心理的葛藤があったのです。

しかし、どれだけ頑張っても、みいちゃんの実態を知ってもらわない限り、誰にもみいちゃんの努力を感じてもらえないし、みいちゃんの苦労もわかってもらえません。「見えない障がい」であることが最後に決断を促しました。

こんなにも小さな体で、私たち大人も経験したことがないような「心の叫び」にひたすら耐え、ただお友達と遊びたい一心で学校に行くことを一生懸命に頑張っているみいちゃんの姿を知ってもらいたい、それだけでした。

そうして始めたみいちゃんの日記は、１４００号を超えています。日記をスタートさせて10年、みいちゃんの特性を多くの方に理解いただくまでになりました。

みいちゃんの症状を少しでも理解していただくために始めたＳＮＳでの発信は、実際に起こる出来事に対しての、「そうなる理由」と「支援を受けたら、こうなったという事実」、そして「この配慮があったからこそできたこと」を日記のように淡々と綴っていきました。支援の手段、歩み寄り、その成果……。そんな日々の苦難を発信していました。

多くの方は、このＳＮＳの発信で、みいちゃんのような子がいることを知ったのではないかと思います。でもそれは、反対に身近な大人たちの刃《やいば》が、私に向けられるきっかけにもなりました。

結局は、人に伝えても闇、伝えなくても闇。何をしても結果は闇なのです。これがこの社会の現実であり、母親が負うべき使命なのです。

一方で、私の発信により一般にはほとんど知られていなかった「場面緘黙症」も、地元では随分と認知度が上がりました。そして同時に、同じ症状を持つ子に対しての理解度も上がっていました。

他人とは違う特性を持った子の親は、いつかどこかのタイミングで、子どもの苦手なことを公にするか、隠し続けるか、ごく一部の方のみに告知するかの選択に迫られます。選択にあたっては、それぞれの考え方があると思います。ただ私は、それが親のエゴではなく、本当に我が子のためにすべきはどの選択なのかをじっくり考えてほしいと願っています。

多くの親の本音は、

「我が子は、自慢できる子であってほしい」

です。ある特性や個性、障がいを告知するには相当な勇気が必要となるはずです。しかし、告知することを、

「恥ずかしい」

「周りの子よりできない子だと認めるようなもの」

と、そんなふうに感じているとすれば、親として失格だと思います。どんなことがあっても、自慢の我が子に変わりはありません。

私に限っていえば、みいちゃんは、他の二人の我が子と同じようにいとおしく、自慢の娘です。苦手なことを頑張っている姿だけでも、充分に自慢できる我が子なのです。

◇小学校2年生からの支援体制

保育園から小学校に上がったとき、みいちゃんは大きな環境の変化に心がついていかず、これまで以上の不安を抱えることになりました。それにより、生活が大きく変化しました。食べられた給食が食べられなくなり、できていたことができなくなりました。他の子と同じように学校に通えると思っていたのが、突然、学校で普通に授業を受けることができなくなったのです。

五体満足に生まれた我が子が、突然そのような状況に陥っても、何をどうしたらよいかなんて、すぐには答えが出てきません。そのとき初めて、支援学級に入れる選択肢を考えはじめたのです。1年生のときは、幸いにもクラスに一人、専属の支援員さんが配置されていたので、学校で全介助児童になったみいちゃんは、支援員さんを独占してしまっている状況でした。2年生になると支援員さんはクラス専属ではなくなるため、入学直後から、2年生以降どうしていくかを、学校と相談することになりました。

全介助児童
動けない児童・話せない児童
なんにもしない子・なんにもできない子
何を考えているのかわからない子
コミュニケーションが取れない子

これらが、学校生活で突き付けられた現実でした。
一方で、家では元気に笑っているみいちゃん。この二面性の違いの大きさを、どう考え、どう対応していけばよいのか。症状のことも、私たち家族でさえ、すべてわかっているわけではないのです。学校では私がそばにいても、変貌する我が子。その姿は、意思があるのか、聞こえているのか、脳は機能しているのか、それすらわからない状態でした。

ゼンマイの切れた人形
ゼンマイを巻かないと動きださない人形

ゼンマイを巻いても操作しないと動かない人形

どうやって支援するのか

どうやって授業を受け勉強していくのか

支援の前例はなく、全くの白紙状態からのスタートでした。いろいろな本を読みました。しかし、みいちゃんに対する答えは明確には出てきませんでした。本に書いてある通りの支援など、そんなにうまくいきません。すべてが手探りでした。

先の見えない困難な状況のなかで私にとって唯一の救いとなったのは、自宅で見るみいちゃんの笑顔でした。みいちゃんが笑顔を見せてくれ、学校へ楽しく行ってくれる限り、２年生になる頃には、きちんと支援体制を整えてあげよう。

それだけは心に誓ったのです。

世の中の親御さんのなかには、子どもを「支援学級」に入れることに抵抗を覚える方もいると聞きます。それが、親の見栄やエゴでなく、子どもにとって最適な支援体制は何かをきちんと考えたうえでのものであってほしいと願っています。

私は、小学校入学後すぐに、２年生からは「支援学級」に進む道を決めました。とはいえ、「支援学級」に入るのは簡単ではありません。関係各所への調整が必要です。市への申請、申請理由、病院での診断……等々の準備をはじめ、あらゆる機関と協議をしなければなりませんでした。もちろん学校との連携も必須です。フルタイムで働きながら何日も休暇を取り、みいちゃんの学校生活には体の介助をしてくれる支援員さんが不可欠であることを訴え続けました。幸い、学校でのみいちゃんの様子を目の前で見ている先生方には、みいちゃんに全介助児童の支援体制が必要なことは明確に理解いただけていましたので、バックアップしてくださいました。

しかし、ここでもまた「自閉症スペクトラム」「不安障がい」「場面緘黙症」などの症状を、一から説明することになるのです。どの機関でも、１時間以上の協議が必要でした。悲しいことに、すべての機関において、横の連携というものはほぼ存在していなかったのです。

「個人情報なので」とひと言。それが理由でした。

世間では、障がい者の支援が充実してきたかのように言われていますが、この社会の仕組みの現実を知った私は、実際の現場は、そんなに充実したものではない、と声を大にして言いたいと思います。全く不合理なことばかりが、私に追い打ちをかけます。

「役所の各課と教育委員会で連携を取ってもらうにはどうしたらいいのでしょうか」
「学校との情報共有はできないのでしょうか」
「医師の診断書はありますが。それだけでダメなら、私はどこに相談をしに行けばいいのでしょうか」

役所へ足を運んでも、話がスムーズには進みませんでした。みいちゃんの学校での様子を知る人が、役所の窓口に誰もいないという状況での相談だったからです。

あまりにも理不尽なことが続き、今の社会の制度は、こういうものなのだと思い知りました。半分あきらめながらも、親の負担の大きさに、ついつい愚痴ってしまうことが多くなりました。おそらく、私が実際に経験した「窓口のたらい回し」「症状に対する理解の低さ」「組織間の連携の悪さ」は、みいちゃんが義務教育期間の小学生であったために教育機関を挟んで話をしなければいけなかったこと、全介助が必要な状況でありながら、自宅では不自由なく生活ができること、そしてその状況は一般の社会では到底理解ができないこと、そういったさまざまな部分でのわかりにくさが背景としてあったように思います。

◇相談機関への説明と制度の壁

みいちゃんの支援体制を固めていくにあたっては、疲弊の連続でした。相談に行くところ、行くところでことごとく、みいちゃんの症状を理解いただけなかったのです。心の病の状況説明とそれに対する理解を得ることは、並大抵のことではないと感じたものです。ましてや、支援体制を構築するにあたってその審査をする部署、担当の窓口の方は、実際にみいちゃんと会ったことがないのです。

アンケートに答える形から始めるのですが、みいちゃんのように二面性が強い症状の場合は、すべてが「できる」になってしまいます。

「自宅ではできるんですよね」

どこに行ってもそう言われました。

1時間以上をかけて、みいちゃんの症状を伝えていきます。でもそれは、「個人情報なので」という理由で、当時は、同じ市のなかでも、隣の部署に連携してもらうことはできませんでした。私は、あっちでもこっちでも同じ話を何度も何度も繰り返さなければなりませんでした。関係各所への症状の説明だけで一日が終わる日もありました。

フルタイムで働いている私は、年間で取得できる有給休暇の日数が限られています。その貴重な休暇はみいちゃんの支援に対する前向きな相談に使いたかったのですが、何人もの大人へ症状の説明をして日が暮れる。そんな日々が続きました。話をしている間も、働きながら障がいを持つ我が子の支援をしていくことの大変さを、本当に理解いただいているのか疑問を覚えるような応対をされることがありました。とにかく、関係者にみいちゃんの症状について理解いただくだけで、休暇のほとんどが消化されていったのです。

私は、いったい何人の人間に同じ説明をしないといけないのか。私が話したいことは、みいちゃんのこれからの支援体制、未来に向けてのことなのです。にもかかわらず、現状を伝えることだけで、丸一日が終わっていく……。私には、身近な三親等に身体障がい者がいます。母親を二十代で早くに亡くしたため、若い頃から障がい者家族として、いろいろな手続きをこなしてきましたが、これほどまでに苦労することは、過去ありませんでした。わかりやすい症状か、わかりにくい症状かでこうも違うのです。私の貴重な時間は、人に現状を説明するだけのために来る日も来る日も費やされて、もううんざりしていました。

「先日もこのお話は伝えましたが……」

「なぜ組織間での情報伝達がされず、どこへ行っても私一人を中心に話を聞かれるのでしょうか」

「本人の周りには支援者が複数人います。そこからも情報を聞かれたほうが、全体の支援状況が見えてくると思うのですが」


私は、動けば動くほど、みぃちゃんの情報の源《みなもと》が私ただ一人であることに気づきました。支援者マップを描けば、私とみぃちゃんには、枝葉のように伸びる支援の枝が山のようにあるのに、すべての情報は私（という母親）を通してしか伝達できなかったのです。

縦割り組織のなかで、私は自分だけの力で、人と人、組織と組織をつなげる必要がありました。しかし、そんな役割を親一人でできるわけがありません。仕事をしながら、母親としての毎日の育児・家事をもしながらです。

ここに、個人情報の壁が大きく立ちはだかりました。


以上は、２０１４年頃に私が実際に体験したことです。今は市政も支援制度も多少変わっているかもしれませんので、そこはお断りをしておきます。当時、個人情報の壁に苦しめられた私は、単なる伝書鳩でした。市民を守るべきはずの制度が、市民を苦しめている現実に、誰が声を上げ、助けてくれるのでしょうか。きっと誰もが他人事《ひとごと》です。誰も助けてはくれません。自分だけが信じられる存在。何度も心が折れそうになった経験を経て私は、この社会は、まだまだ「見えない障がい」に対しての支援体制が充分ではないことを実感したのです。

みいちゃんが義務教育期間でなかったら、全く違っていたと思います。学校のなかでの支援は、教育委員会の管轄でした。それぞれの都道府県や自治体などにおける体制の違いがあるとは思いますが、私は、ここで障がいに対する偏見、制度の在り方、制度の枠からこぼれ落ちる市民が存在することを知りました。その市民こそが、まさにみいちゃんでした。

◇「ケース会議」があったら

数年が経ち、たまに過去を振り返ることがあります。なぜ当時、あんなに私が苦労したのか。それは単純なことだったように思います。みいちゃんという子の支援機関、支援者、教育関係者、母親が一堂に集まる会議（ケース会議*注）がなかったこと、きっとこれに尽きると思うのです。小学校を卒業し、養護学校に入ってからは、2か月に1回、「ケース会議」を開催していただけるようになりました。この時初めて、日々の悩みを支援者全員で共有できるありがたさを身に染みて感じました。しかし、こうした会議体が存在することを、当時は知りませんでした。誰も教えてくれませんでした。誰も導いてくれませんでした。

たった少しのことで、社会から放り出されたような虚《むな》しさに苦しめられる家族がいるということを知っていただけたらと思います。


本来助けてもらうべき制度の支援からこぼれ落ちる辛さ。

大人たちからの誹謗、中傷。

襲ってくる孤独感。

母親としての責任。

それでも容赦なくやってくる日々、みいちゃんの支援……。


今日一日を無事に終えること。大袈裟でなく、それだけで精一杯でした。

みいちゃんのために動いてくれる人たちはいても、それ以上に抵抗をされる壁があり、信じられるのは自分だけ。そんな気持ちになっていました。

みいちゃんとかあくんの頑張りと笑顔に助けられ、明日もなんとか頑張ってみよう――一日一日、ギリギリのところで自分を奮い立たせる。

それが、見えない障がいを抱えた子の母親の現実でした。

日本の「障がい者支援」は充実している。

聞いたことのあったこんな言葉は、見事に私のなかで崩れ去りました。

現実は、違うんだよ。きっと、みんな知らない。

自分で動かない限り、情報は入ってこない。

わかりやすい（目に見える）障がいでない限り、この社会は守ってくれない。

中学校（養護学校）入学後に知ったケース会議。関わりのある大人がチームで連携して子どもを支えます。この会議体を必要としている家族は、世の中にたくさん存在するのではないでしょうか。事実、私もケース会議さえあったなら、支援の入口であんなに苦労することはなかったのだと思います。

でも当時は、このような会議が開催されるところまで、前に進みませんでした。わかりづらい症状だったから。きっとこのことが原因かなと思ったりしています。伝えておきたいのは、当時の小学校の先生方は、みいちゃんのために一生懸命動いてくださったということです。支援の本来の在り方、制度としての受け皿など、私も専門家ではないので、すべてを知り尽くしているわけではありません。支援体制や制度の何がダメだったのか、どうあるべきだったのかは、いまだに私にもわかりません。

私は、若いときから三親等内の障がい者のケアをしてきました。

脳に障がいがあり、小さい頃から施設に入っている「身体障害者手帳」1級取得者、腎不全で透析の生活を余儀なくされている同手帳1級取得者、突然事故に遭い、右指のすべてを失った同手帳3級取得者、ペースメーカーを入れている同手帳3級取得者。この4人は、私が今でもケアしている親族と家族です。いずれも身体に障がいを持つ方々であり、障害者手帳を難なく取得しています。

まだまだ、誰もが理解しやすい症状かどうかで判断される世の中であるということなのです。そして、理解しづらい障がいを持っている場合、ここで苦しむのは、子どもの年齢が低ければ低いほど、障がいの説明義務のある親ということになります。

大きく変わったのは、みいちゃんが養護学校に入学したときでした。みいちゃんの症状がどうだからという見方でなく、「養護学校に入る」ということが、「支援が必要な子」という誰もが理解できるわかりやすい状況になったということです。生きづらさを抱え支援が必要な子なのだということが、やっと理解され、定期的にケース会議を開催していただけるようになったのでした。

私が経験してきたように、今も制度の枠からこぼれ落ちて苦しんでいる家族がいるのかもしれないと思うと、ただただ、その苦しみから早く解放させてあげたいと願うばかりです。私が今できることは、実際に経験してきた苦難の数々を誰かに知ってもらうことなのかもしれない、そう思うようになりました。

＊注　ケース会議
「事例検討会」「ケースカンファレンス」ともいわれ、解決すべき課題を抱えて支援を必要としている人のために、関係者がチームとなって情報を共有し、より適切な支援ができるようにする会議体。対象となる児童・生徒のアセスメント（見立て）や支援のプランニングなどを行う。

◇海外での支援体制

日本の現実を知った私は、海外ではどうなのかがすごく気になりはじめました。

そしてふいに、みいちゃんとかあくんが保育園の頃から通っていた英語教室のことを思い出したのです。英語には幼少期から触れさせておきたいと思い、二人は保育園時代から英語教室に通っていました。そこの日本人の先生が、イギリスで場面緘黙児の支援をしていたとのことで、とても理解がありました。

動けない・話せないみいちゃんともごく普通に接してくれて、体の介助もしてくれました。みいちゃんは耳では聞こえていることを理解されていたので、みいちゃんにも他の子と同様、ネイティブな英語で話しかけていました。

その少し前には、みいちゃんのことを相談していた臨床心理士さんから、「場面緘黙の最適な治療は、海外に行くこと」という話も聞いていました。日本語が通じない、誰も自分のことを知っている人がいない、そんな環境の変化によって変われることも多いということでした。頭の片隅で、「海外での生活」について将来は検討していこうかな、なんて思ったりもしましたが、実際はなかなかそんな勇気は出ませんでした。

日本での支援体制の在り方に疑問を感じた私は、その英語教室での先生との会話を思い出したのです。

イギリスでは、場面緘黙の児童に対しては、大人になるまで一連の支援体制が組まれている。不安障がいゆえに、サポートする人が変わると症状が悪化することも多いため、学校や学年が変わってもサポートする組織は変わらない。そんな話を聞いていました。また、日本では個人で頼んだ介助者を学校内に入れることができませんが、イギリスでは、学校の授業中でも校外の生活面でも、その介助者が一日中、サポートしてくれる体制が整っているとのことでした。

当時、それを聞いた私は、すばらしい支援体制だと感じ、そんな体制があれば、本人もいつか克服することができるかもしれないし、親の負担も相当軽減されるだろうと思っていました。イギリスではそれが当たり前なのです。

みいちゃんも幼少期から同じ支援者が、家庭生活から学校生活まで全般にわたり寄り添う体制ができてさえいれば、小学生のうちに克服できていたかもしれません。事実、何もかもができるようになりかけていた時期が、小学校3年生のときにあったからです。

ところが、第3章の冒頭でみいちゃんの心の変化について書いた際にも触れましたが、4年生への進級とクラス替えでそばにいる複数人の支援者が代わり、できていたことが再びできなくなったのです。この時、克服できるかもしれないという夢は崩れ去っていきました。

日本の現実を知った今となっては、イギリス（海外）ならみいちゃんは変われたかもしれないと思わざるを得ません。その国による制度の善し悪しで一人の子どもの将来が大きく変わってしまう現実、親の負担とその限界を目の当たりにしてきました。

日本の制度が当たり前だと思っている私たちは、もっともっと視野を広げて、広い知識を得る必要があります。そうすれば、日本の制度に違和感を覚えはじめるはずです。

私はこの苦い体験を経て、小さな日本にとどまる考え方で答えを出すことはやめようと強く思うようになりました。

私たちの知らない夢の世界が、どこかの国には存在するかもしれない。そして、そうしたことをきちんと調べ、知見を深め、小さくても声を上げていこう、そう思っています。

不登校のリアル

◇不登校児を持つ母親の苦悩と孤独

いわゆる「不登校」ですが、みいちゃんの場合は小学校4年生でやってきました。「不登校」というとなんだか聞こえが悪く、悪いことをしているように響くので、今では「学校に行かない選択をした」というフレーズで表現しています。

私のそれまでの人生で、「学校に行かない選択」なんて頭にこれっぽっちも存在しませんでした。多くの大人がそうだと思います。それがいきなりやってくるのです。我が子が、学校に行かない選択をした日。「えっ、うちの子が？」という感覚です。すぐにはその現実をきちんと受け止められません。

えっ、学校に行かないの？

えっ、なんで学校に行かないの？

えっ、なんで？　理由は？　何が嫌なの？

我が子に質問の嵐です。

親としては、理由が全くわからないからです。突然の出来事にかなりの衝撃を受けます。そして、私自身が、これまで「不登校」というワードに対して、１００％他人事だったことに気づくのです。

不登校児を持つ家庭は、それなりの理由があるんだろうな。

私（我が家）にはあまり関係ないかな。

正直なところ、恥ずかしながらこの程度の軽い感じでしか思っていませんでした。自分の人生にそんな状況が起こることを全く予期していなかったからです。これに関しては、これまでの私の考えが愚かであったことに気づかされました。

他人事だったはずのそれが突如として、我が子に起こったのですから緊急事態です。

実際の不登校は、自分が「不登校」というワードに対して抱いていた世界とは全く違っていました。

まさに家庭崩壊といってもよい状況が起こるのです。これはきっと、不登校児を持った家族にしかわからないと思います。まず、家族の日常の歯車が狂いはじめます。家庭のなかに一人でも人生につまずいた者がいると、それは、家族に相当な影響を与えることになるのです。「つまずく」という言葉には語弊があります。しかし当時（最初に不登校児を抱えたとき）の私は、「人生につまずいた我が子」というふうに考えてしまいました。

最終的に我が家では、我が子三人ともが「学校に行かない選択」をしました。

最初は、相当苦労しました。全く自分の思い通りにならない我が子にお手上げ状態で、狂いはじめた歯車を戻す手段が見つかりませんでした。

そんな家庭状況が突然やってきますが、いつもの朝は毎日始まります。何事もなかったかのように、親は普通に出勤しないといけないのです。仕事先でも子どもが今、家で何をしているのかが気になります。お昼ご飯、ちゃんと食べているのか、昨晩、当たり散らした叫び声の余韻が消えないなかで、胸が苦しくなりながらも仕事はしないといけません。こんな家庭内の崩壊状況など、職場で説明できるわけもなく、朝が来て仕事に出るたび、自然と涙がこぼれ落ちていました。どう対応することもできず、長い時間が過ぎました。

私は、勤続二十数年のフルタイムの仕事を抱え、子どもたちよりも先に家を出ていました。子どもたちは鍵っ子の状態で、それぞれが自分の荷物の用意をして、学校に行きます。我が家は共働きでしたので、家族全員が時間差で次々に出発するという朝でした。当時は、夫が最初に家を出て、私が2番目。それから双子のかあくんとみいちゃんが登校し、長女が最後に鍵をかけて家を出ていました。

何事もなく過ぎていたある日、長女の学校から電話が入ります。

「お母さん、しばらくお子さんが学校に来られていませんが、大丈夫ですか」

頭が真っ白の状態になりました。

「えっ？　行っていないんですか？」

情けないことに、当初、私は長女の不登校に気がつかなかったのです。

それが、私の人生に「不登校」というワードが刷り込まれた最初でした。そうした状況に陥ってしまった我が家は、その時々で最善の策を尽くしましたが、何をやってもダメでした。ただ、その当時の「最善の策」というのは、とにかく「学校に行かせる」というものだったのです。今から思うと、子どもの状況を全く考えない浅はかな行動だったと反省しています。

しかし、親というのは多くの場合、時間を待てないのではないでしょうか。今日、明日をなんとかしようと考えます。考えて考えて、どうやったら学校に行ってくれるのか、ひたすらそればかりを考えます。私もそうでした。叱りつけることも多く、怒ることにエネルギーを使い果たし、毎日が辛く倦怠感《けんたい》との闘い。どうにもならない状態にイラついてしまう日々が続きます。

本当にものすごいエネルギーが奪われていきます。家庭と仕事にエネルギーを使いすぎて、心がカラカラに乾いて疲弊していきます。そして、鬱《うつ》が始まります。自分がそんな状況になっていることに、本人は気づきません。

子どものためにカウンセリングを受けると、私の心配ばかりされました。

「私が聞きたいのは、私のことではないんです。子どものことを聞きたいんです」

そんなふうに言葉を返したことを覚えています。自分自身が不登校児のケアをするなかで鬱状態に陥ってしまっていたのですが、全く気がつきませんでした。

その後、何年という長い年月が流れましたが、自然と抜け出せる日がきました。私は何もできませんでしたが、最後は時間が解決してくれたのです。再び、同じカウンセリングの先生にお会いした際、

「お母さん、随分と元気になられましたね」

と言われ、笑顔で会話ができるようになっていたのです。鬱になってしまった私の状況を客観的に診てくださっていた先生は、その時の様子を数年後に教えてくださいました。

当時の私は、子どもの世話ができるような状態ではなく、母親のほうが疲労でつぶれてしまっていたということ。そして、多くの不登校児の家庭では、子どもと同時に母親が心を病んでしまうこともお話しいただきました。私もそうした状況にあったのです。我が子を学校に行かせよう行かせようと頑張るほどに心が折れ、子どものケアをする以前に母親である私のケアを優先させないといけなかったのだと聞き、過去の自分を改めて回想してみて鬱に陥っていたことにようやく気づきました。どうやってもうまくいかなかった、すべてのことがつながる瞬間でした。

不登校児を家族に持つということが、親にとってどれほど心に負担を強いるものなのか、当事者にならないと絶対にわかりません。他人事であったときの自分が何をどう説明されても、その苦悩は理解できなかったと断言できます。

泣き叫ぶ我が子を前に、その抱える苦しみを代わってはあげられないジレンマに押しつぶされそうになります。さらに自分自身が、その苦しみのなかから子どもを抜け出せないようにしてしまうのです。母親として、すべてを抱え込んでしまいます。

親しい友達に聞いてもらうこと程度はできますが、ほんの一時、少しの心の癒しとなるものの、現実をどうすることもできません。

これが、母親の孤独の始まりです。

◇子どもに教えてもらうこと

私は不登校児を持ったその経験から、自分の人生ではあり得なかったことを、子どもからものすごく教えてもらいました。親としての考えも１８０度変わりました。

まず、自分が過ごしてきた時代と「今」という時代は大きく違うことを悟りました。この点では、自分は〝子どもに育てられている〟くらいの感覚を持つように意識しました。

そして、長女が不登校になっていた長い年月の後半は、もう頑張ることをやめました。頑張ることをやめてしばらく経った頃、長女は自然と不登校から抜け出していました。

私は、「学校に行かない選択」ができる子はすごいなと思うようになりました。

逆に「仕事に行かない選択」が自分にはできるのかと考えるようにもなりました。明日の仕事を放棄したい気持ちはあっても、絶対にその選択をする勇気は出ません。他人への影響や迷惑をかけることを気にしたり、そうすることでの自分への評価を気にしてしまう自分がいます。つまるところ、そんな勇気はなかなか出ないのです。

また、子どもの頃、もし「学校に行かない選択肢」が自分にもあったとすればどうだったでしょうか。学校は行くものとしか考えていなかったので、そんな選択肢があっても、おそらく、そんな勇気は絶対に持てなかっただろうと思うのです。

それを我が子は、勇気を振り絞って「学校には行かない」と決めたのです。なんて決断力があって、自分の考えをしっかり持っている子なんだろう。そう私は考えはじめました。すると、とても心が楽になりました。長い間抱えていた苦しみが嘘のように消えていったのです。

私たちが生きてきた時代は、学校は他の子に合わせるようにする教育で、いわゆる、社会に適用する「普通の子」を育成するものでした。人と違ったことをする子は異端児扱いです。そんな時代が長く続きました。そして今は、そうした考え方をしていた時代が過去のものとなり、次なるステージへ入ったのです。学校に合わないい子は、合わせなくてもいい時代になったことを私自身が感じています。

それは、子どもたちの生きる力が、学校に行かないことにより、若くして芽生えるということでもあります。そんな次なるステージのなかにいる我が家では、未来への大きな期待の波がうねっているかのような気がしていました。

未来は明るい。

でも、その見えない未来は、どこからどうやって摑《つか》めばいいのだろう。

そんなふうに考えるようになった頃、我が家で二人目の不登校児が出ます。みいちゃんです。その頃には、長女の不登校の経験から、私は親としての考えも随分変わっていました。

しかし一方で、先述したように、みいちゃんが学校に行かなくなったことは、想定外でした。

話すことができなくて、体も動かなくて、みんなとコミュニケーションが取れなくても、学校でお友達と一緒に過ごす時間を楽しみに通学していたので、まさかそんなみいちゃんが不登校になるなんて、それまでの様子からは想像できなかったのです。

でも、子どもはそういうものです。

私たち親にとって、それは突然にやってきます。長女のときもそうでした。親には見えていなかったことが、突然、顕在化して慌てるのです。

そして、不登校になる数か月前から、小さなメッセージが発信されていたことにようやく気づくのです。

もう無理かも

もう無理だよ
もうしんどい

アンテナをしっかり立てておかないと、これらのメッセージを摑むことはできないと思います。私自身、長女のときもみいちゃんのときも、学校に行けなくなってからしか、メッセージに気がつけませんでした。

そして、みいちゃんに「その時」がきたとき（学校に行かない選択をしたとき）、私は率直にこう思いました。

みいちゃんがようやく、自分の意思で自分の人生を歩もうとしている。

そして、かあくんが学校に少しずつ行けなくなったのも同じタイミングだったのです。かあくんがそうなった理由は、なんとなくわかりました。これまでずっと、みいちゃんのお世話を頑張りすぎたからです。みいちゃんが学校に行かなくなったことで、自分の担ってきた日常の負担が急になくなり、当たり前のように背負い続けていた肩の荷がおりたのです。ほっとしたのと同時に、「みいちゃんが行かないなら、俺も一緒に休みたい」というシンプルな気持ちだったのだと思います。

かあくんのことは、とにかくゆっくり休ませてあげよう。素直にそう思いました。

子どもたちを巡ってそんなことが立て続けに起こり、我が家では、子ども三人ともが、学校に行かずに家にいる状況が頻繁に発生していました。それは決して、良い状況とはいえません。

私にとっては、やはり心身ともに疲れる状況でもありました。

しかし、「学校に行かない選択をする」ということは、「これからどうしよう？」という自分への問いを持っているはずなのです。ただ、その先は明確ではありません。自分の居場所は、少なくとも学校ではない、ということだけを自分で理解した状況です。

子どもたちにとっては、これは大きな大きな前進でした。ここから、まさにここからが本当の母親の役目です。この先に何があるのかを一緒に考えていくこと。それこそが、私の仕事だと思いました。

こう思えるようになったのは、間違いなく長女とくぐり抜けた数年のおかげです。本当にたくさんのことを教えてくれました。

親になるということは、誰にとっても初めての経験です。子どもを持つと必ず親にはなれるけれど、社会人になるのと違って、誰かに親としてあるべき姿を教えてもらったわけではないのです。

みんなが、母親と父親を演じていますが、実際は演じ﹅て﹅い﹅る﹅だけで、あるべき最良の親の姿なんて、全くわからないままやっています。誰もが、自分が子どものときに親から何をしてもらったかという、それだけの情報（経験値）で、親という役目をなんとなく演じているのです。

だから、私たち親は、子どもたちに教えてもらって成長するのだと思います。子どもたちが親に求めている最良の母親像、父親像というのは、その時代の流れによって変貌する気がします。時代を敏感にキャッチしながら、私たち自身がまず変わらないといけないのだと思います。

そして、子どもたちが大人に面と向かっては言えない小さな小さな心のメッセージを私たち親が、広い心で受け止めてあげられるように成長しないといけないのです。そのメッセージを一番にキャッチできるのは、一緒に生活をしている家族だけだと思うからです。

三人の子どもたちへ

いろいろなことを教えてくれてありがとう。
そして、その小さなメッセージをいつもきちんと受け取れなくてごめんね。

◇将来の就労への不安

そうして我が家では、三人の子どもたちが、それぞれに自分の人生を一度リセットして考える時間をもちました。

この状況になった初めの頃、私は苦痛で仕方なく、いくら前向きに考えようとしても、やはり難しいものがありました。三人の子どもが平日の昼間に家にいることは、どう考えてもおかしい生活なので、とにかく心配事ばかり浮かんできます。一人ずつ向き合おうとしても、三人いたら手に負えません。

ただ、私が一番に心配したのは、今のこの状況ではなく、この状況が長く続いた場合の将来の就労への不安でした。この子たちは、一人前に社会に出ていけるのだろうか……。まだまだ先の話ではあっても、このまま家から出られなくなるかもしれないと、それがとにかく気になりました。

とくにみいちゃんは、小学生のときから何度か就労支援事業所に見学に行っていましたが、体の固まりがひどく、仕事なんて到底できる状態ではありませんでした。

ここでは、みいちゃんは自由になれない。

一般的な就労の道は難しいだろう。

早くからそう感じていました。だからといって、その代わりに何があるのか。その時は、全くわかりませんでした。


みいちゃんに限っていうと、家族以外の人とはコミュニケーションが取れなかったので、学校に行かないことで、家族以外の社会とのつながりがなくなることの心配も大きかったです。この時期、私が想像したみいちゃんの最悪の将来はこうでした。


家からもう出られなくなる。

この先、コミュニケーションが取れる人が家族以外に増えない。

学校に行くことも、仕事をすることも、結婚することもできない。


そして将来、私たち家族がそばにいられなくなったとき、誰がみいちゃんのお世話をするのか。そんな不安ばかりが繰り返し脳裏をよぎり、その度に振り払っていました。

私は、みいちゃんとコミュニケーションが取れる限られた人間の一人です。今、自分がしてあげられることはなんだろう？　今、やるべきことはなんだろう？

数年先に確実に直面する「みいちゃんの就労」を思い、そんなことばかり、毎日考えていました。

社会の常識と制度の壁との闘い

◇仕事との両立の苦しさ

この頃から、自分の周りが八方塞がりになり、閉ざされていくのを感じていました。それは、不登校児を抱える母親の孤独と、社会の常識との闘いの始まりでした。子どもたちを守るために、異端児の母と呼ばれることに耐えながらも、前に進まなければなりません。「学校は当然行くものだ」という社会の常識に反発しつつ、道を切り拓いていく必要があったのです。

働く母親としての側面もありました。一歩職場に入れば、単に一人の社員。私の会社は男性の多い職場でしたので、女性は全体で一人か二人しかいません。フルタイムで働く女性がどんなに大変か、このことは一般的に理解いただけるのかもしれませんが、私のように、三人の子どもを育てながらフルタイムで働く女性社員などは、圧倒的に少ないのが現状です。世間の少子化の流れもありますが、実際のところ、フルタイムで支障なく仕事と家庭（家事・育児）の両立ができたのは、子どもが一人だけのときだったように思います。

その後、双子のかあくん、みいちゃんが生まれ、育児休暇を取得したのち復職しますが、双子育児の大変さは第1章でも触れた通りです。三人の子の育児と仕事と家庭を回すこと、それだけで精一杯で、ここが限界でした。

子どもたちが小学校へ上がってからも、三人の子がいると、年間20日の有給休暇では全く足りません。ほぼ8割が学校行事、2割が病院や支援機関との面談などで消えていきます。自分のための休みなど、全く取れません。三人いるということは、当たり前ですが、学校行事やクラス懇談会も3回、それぞれに発生するのです（みいちゃんは支援学級と交流学級〈かあくんと一緒の通常学級〉にお世話になっていたので、各クラスごとにあります）。毎年、年度末の3月には休暇がなくなり、欠勤するかどうかの瀬戸際に追い込まれました。そんな状況で、ただでさえ仕事との両立が厳しいなか、さらに不登校の子どもたちのケアが始まります。関係各所・関係者への相談、子どものカウンセリングなど、平日に動かないといけないことも、これまで以上に発生しました。

そんな走り回る日々を一日一日終えるなかで、とうに限界は超えていました。精神的にも参ってしまい、仕事との両立の壁に苦しみました。

もう仕事は続けられないかもしれない。

日頃、めったに弱音を吐かない私ですが、この頃は、本当に限界でした。あがけばあがくほど、時間は足りなくなります。

朝、あの子、調子悪かったけれど、今夜大丈夫かな。そんなときでも、明日までにしないといけない仕事があって、帰りたくても帰れません。子どもたちを心配しながら、ひたすらに働き続けます。そして、容赦なく押し寄せる仕事の波。

頑張れば頑張るほどに、もう明日は耐えられないかもしれないと思う、そんな朝が毎日のようにやってきました。メンタルを壊してしまった子どもを育てるとき、支援する側もメンタルをやられてしまうのです。

社会に馴染めない子どもを育てる母親の苦労は、その家庭により状況は違うものの、抱える苦難は、周囲が思っている以上のものがあります。女性の仕事と育児の両立は、いち企業の問題ではありません。社会全体で支えるべき大きな課題です。これから先、もっともっと女性が働きやすい環境ができることを願っています。

◇月5万円の送迎費用

高学年になり、集団登校ができなくなったみいちゃんは、学校へ行く手段を失っていました。移動するための支援として行政が用意している「移動支援」という福祉サービスがあるのですが、それは小学校・中学校への登校では利用することができなかったからです。小学校に関する行政の管轄は、通学を含め、教育委員会の責任下にあり、みいちゃんが本来使えるはずの福祉サービスは、義務教育の場面においては適用外とされて使えない——そんな理不尽なことが起こっていました。

そのため、共働きの我が家では、みいちゃんを学校に送迎することが一番大変なこととなりました。学校まで送っていると、出勤時間に間に合わないのです。学校と相談して、本来は禁止されているタクシー通学を了承いただき、ようやく通学できるようになりました。給食が食べられないので、その頃はお昼に帰宅しており、数時間の登校のために支払うタクシー代は、月に5万円ほどにも上りました。共働きとはいえ、義務教育期間中の子どもを学校に通わせるために支払う養育費としてはあまりにも大きな金額で、しかも習い事や塾のように何かを習得するための費用ではなく、ただただ送迎をするためだけの出費としては、納得できるものではありませんでした。

子どもに教育を受けさせる義務を負っている社会で、一人で通学ができない子を持つ親の精神的、そして金銭的な苦痛は、ここにも生まれていました。女性は、母親になって障がいを持つ子を育てる場合、もう働けない。そんな現実を知るのです。

義務教育って何？　子どもに教育を受けさせる大人の義務のことです。義務を果たそうと子どもを学校に行かせるためだけに、なぜこんなに費用がかかるのでしょうか。高校進学のための学費でもなく、今現在、勉強する権利がある子どもたちなのです。支援の手段はあっても教育現場では使えないという矛盾。私はますますこの社会が嫌いになっていきました。

本当に困っている子どもに、なぜそこまで支援の手を拒むのか……。そんな想いを抱えながらも、一方では、でもこんなことは日常茶飯事で、同じ障がいを持つ子を抱えた家庭でも乗り越えているんだと思うことで、どうにか精神のバランスを保っていたのです。我が家だけ我がままは言えないし、何か発言したところで、親の育児放棄だと思われるだけ。そう思っていたので、日本の支援制度からこぼれ落ちているみいちゃんの現実にも耐えながら、自分だけを信じて日々を過ごしていました。

◇小さな声が届くとき

そんなとき、たまたま市内に「精神障がい・発達障がい当事者・家族の会」という会が立ち上がり、シンポジウムが初めて開催されました。そしてご縁があって、その場でお話をす

「精神障がい・発達障がい当事者・家族の会」シンポジウムで話す著者（2019年9月29日）

る機会をいただいたのです。

私は、みいちゃんの母として、精神障がい児を持つ母として、今、私の身の回りで起こっている現実をお話ししました。その話をまとめた資料も、参加者一人ひとりにお渡ししました。私たち親子の現実を、とにかく知ってほしかったのです。何かを求めて発言したわけでも、誰かに対する愚痴でもなく、現実を知ってほしかった。

不思議なご縁で、そのシンポジウムには、行政を動かせる責任ある地位の方々、議員さんなどが参加していました。そしてシンポジウム終了後、すぐに議員さんが私のもとに来てくださいました。驚いたことに、私がお話しした実態は、会場にいたほとんどの方が知らなかったのです。その後、私の作成した資料は、良い意味で独り歩きをし、さまざまな方に広く知られることとなりました。

　みいちゃんのような症状を抱えた子がいること。社会の制度からこぼれ落ちている状況。義務教育という名の縛りが、支援を受けられなくしている現状の制度。初めて知ることも多かったようで、しかるべき立場の方が、私たち親子の苦難と現状を理解してくださいました。

「なんとかしたい」と、すぐに動いていただけたのです。

　私は、あのシンポジウムで自分のことを話す際、とても勇気がいりました。育児放棄だと思われるに違いない、そう思っていたからです。

「そんなの親の責任やろ。他人のせいや制度のせいにするな」

　そう言われると思って、ずっと一人で頑張ってきました。親の責任だから。自分で解決しないといけないから。頭の中は、これらの想いでいっぱいでした。

　でも、私が社会の制度の在り方に違和感を覚えたように、我が家の実態を知った多くの方が、同じような想いを抱いてくれたのです。これは親の責任として背負う必要はないのだろうか、誰かに助けを求めてもいいのだろうか。社会に、そして制度に疑問を投げかけてもいいのだろうか。これまでしまい込んでいた葛藤が、初めて大きく揺れ動くのを感じました。

結果、私の作成した我が家の実態の資料とシンポジウムで話した内容は、じつにたくさんの方の目にとまり、大勢の議員さんのおかげもあって、県議会でみいちゃんのような事例があることを提議していただきました。私は、みんなが知らない現実だったことにも驚きましたが、知ってもらってよかったのだと、初めて思ったのです。

みいちゃんが中学校入学の進路を決める6年生の初めのことです。みいちゃんは、普段書かない手紙を何時間もかけて書きました。知事へのお手紙でした。中学校にこのまま進むことの不安、中学校に行くには、とてもたくさんの送迎費がかかることも伝えました。

「私は中学校に行きたいです。だからお父さん、お母さんを助けてあげてください」そして、「私は、自分らしく生きるために『みいちゃんのお菓子工房』という小さなケーキ屋さんを始めます。応援してください」そう綴っていました。

数日後、知事はみいちゃんに直筆のお返事をくださいました。

知事から届いたお手紙は、今も大切に額に入れて飾っています。

それは、市民の小さな声が届いた証でした。みいちゃんという一人の女の子が、普通に生きていくことが、とても大変であるという訴えを声に出したのは正解だったのです。

義務教育のもとでも多くの壁が立ちはだかり、制度の抵抗もあり、なかなかうまく前に進まなかったけれど、学校の先生や議員さんをはじめ、助けてくれる人はいっぱいいました。

家族だけが負担を背負うのではなくて、小さな地域社会全体で子どもたちを精一杯守っていく。助け合い、支え合い、子どもたちが社会に出ていけるようにきちんと教育を受けさせてあげる。そして、しっかりした大人になるよう導き、どんな形であれ、社会参画できるようになるまで支えていく。

そんな理想的な支援の流れが、みぃちゃんの周りで動きはじめたのです。

大きくて長い暗闇のうねりのなかで、はるか向こうに、小さな光が差し込む出口が見えた気がしました。

◇社会の変化のなかで

私は、長女を生んだとき、育児は3歳で終わるものだと本気で思っていました。

育児休暇取得後、復職したら、育児は終了。再びバリバリ働ける状態になって、復職前にほぼ戻って頑張れる。そう信じていました。仕事は楽しかったですし、私なりにプライドを持って仕事をしていたので、「女性だから」と逃げるつもりもなく、男性と同じように働くのは、私にとって当たり前でした。

そして長女が3歳になったとき、全く終わる気配のない育児に、「あれっ、育児っていつ

みいちゃんたちがまだ幼かった頃、３人の子どもたちと。赤ちゃん時代の育児のほうが楽だったと思うほど、小学生になると、仕事と育児の両立はしんどくなっていった

まで？」なんて考えてしまいました。そして、でもまあ、小学校に通いだせば随分と楽になるだろうし……、本当にこんなふうに思っていたのです。

ところが、実際はむしろその逆で、子どもたちが小学校、中学校と進むにつれ、育児や、仕事との両立のしんどさが出てきました。今から思うと1～2歳の頃の育児のほうがどんなに楽だったかと感じるのです。育児休暇は、1歳までに取れる制度ですが、育児休暇は一人の子に対して、もう1回くらい必要だと思います。子どもを生んで10年後、15年後に、女性が仕事を続けることの限界が、再びやってくるからです。

子どもを生んだ瞬間に母親になる。

これはその通りです。しかしここでもまた、母親って本当に大変な役職だと感じるのです。名前だけの役職だから、まず経験がありません。小学生の子を持つ母親も初めてだし、中学生の子を持つ母親も初めて。やってみてやっと、少しずつわかるという世界です。

育児には、おそらく終わりがないのだと思います。人生が続く限り、永遠に子どもの年齢ごとにいつも初めての母親なのだから。


今では、女性が働き続けることに対する支援の輪が広がり、意識も徐々に強まってきていますし、時代は確実に変化していると思います。

私の勤める職場にも2016年の半ばには「働き方改革」の実践により、フレックスタイム制度が導入されました。私はこの制度に随分と助けられました。勤務時間を変更できるようになったので、出社時間を変えて学校に行ったり、先生に相談に行ったり、子どもを連れてカウンセリングに行ったり……。そんな時間を、以前のように有給休暇を取得することなくできるようになりました。

大人の社会も子どもの社会も、劇的に変化しています。ですから大人も、今の子ども社会における「柔軟さ」を受け入れていかないといけないのです。

私が働きやすくなったように、子どもたちの過ごし方の多様さも、社会全体で認めてあげないといけないのではないかと思います。

「常識」とはただ単に、人の意見の多数決を取り、多いほうの意見を採用しているだけのこと。ただ、それだけのことなのです。

◇みいちゃんのための起業も子育ての一環

みいちゃんは、家庭のなかでは普通の女の子です。思春期に入ると口数が少なくはなりましたが、保育園、小学生の頃は、自宅で弾丸トークが始まるくらいよく話す子でした。でも、一歩自宅から出ると、全く違うみいちゃんがいました。声を出せず、ひどいときは、全身、首さえも動かないので、まっすぐ前しか見られませんでした。眼球を動かさない限り、視界が固定されてしまうのです。こうなると下も向けないので、机の上の教科書やノートを見ることもできません。ただできることは、目の前の映像を網膜に映すことと、耳から入る音を聞くことのみでした。

そんなみいちゃんに、私がしてあげられることはなんだろう。

しかし答えは、考えても考えても出てきませんでした。

答えを探しに、私は仕事をしながら地域の起業塾に通いはじめました。受講を終えると、次は女性の起業家支援をしている男女共同参画センターのセミナーに通うようになりました。とにかく、世の中の動きを情報収集することから始めようと思ったのです。

みいちゃんが社会に出ていける仕事を探し求めて――。

そして、その時に出した答えが、「とにかく何かやってみよう」でした。

机上の空論では話にならないし、みいちゃんと一緒に何かにチャレンジして実践をして、ダメならまた別の道を考えたらいい。そう思い、みいちゃんが4年生のとき、早くも社会経験の場を与えることにしたのです。

私は、深く考えすぎて何も行動しないことが一番嫌いでした。ある程度考えたら、まずはやってみる。中途半端でもやってみる。そうすると、やはり課題にぶつかります。でもそれは、あとから軌道修正すればよいだけのことなのです。

子育ても同じだと思います。１００点満点の子育てなんて、世の中に存在しません。実際、私の子育ても長女のときの初動対応なんて、１００点満点中、５点しかつけられません。でも、そこで少ししくじったので、次のかあくんとみいちゃんのときには、まあ50点くらいの子育てはできたのではないかと思うのです。

子どもは制御不能です。その子を生んだ親でさえ、どうにもできないこともあり、「子育てマニュアル○○ページで対応するように」なんて、そんな単純なものではないのです。ですから、私がみいちゃんにやってきたサポートも、すべてが正解ではなく、失敗も当然あります。見直すべきところもたくさんあります。だからこそ、親の役割は重要だと思うのです。

子育てには、おそらく会社を起業するのと同じくらいのエネルギーが必要です。とくに母親は、子どもの一番の理解者で、家庭のなかで最も子どもの近くにいる存在だという場合も多いはず。

私が「みいちゃんのお菓子工房」を始めたときに、よく言われました。

「仕事をしながら、よくケーキ屋さんを開こうなんて思いましたよね」

もちろん、今でも言われます。

しかし子育てというのは、一人ひとりを一人前にすることです。それぞれ個性の違う塊の子どもたちに、「長女会社」「長男会社」「次女会社」とでもいえる別々の会社を順番に、パズルを合わせて起業していくようなものだと思います。そんな過程において、たまたまみいちゃんをなんとかして社会参画させようと思ったとき、「みいちゃんのお菓子工房」という箱物が必要だったということで、それも含めて母親の私にとっては、子育ての一環という感覚です。

ケーキ屋さんは見かけ上の姿。「みいちゃんの生きる道を支える」事業の一部分にすぎません。ですから、私はみいちゃんのためなら、母親の役割のなかで、なんでもしてあげられました。

もし仮に「みいちゃんのお菓子工房」が、私がしたくて始めた事業で、みいちゃんを雇うための事業であったなら、とっくにリタイアしています。自分のために始めた事業ではなく、みいちゃんが生きていくための「過程としての居場所」だから続けられるのです。

母は強しです。

また、お菓子工房を始めようとしていた頃の私は、「母親としての暗闇と孤独」という試練を耐え抜いたあと、我が子のために「母親として強く生きる」という状態になっていました。私のなかには、少し社会への反発もあったのです。

これまで数えきれないくらいの支援機関に足を運び、幾度となく相談をし、わずかな希望の光を支えに、どこかでなんらかの支援を得られないものかと走り回ってきました。

それでも、私たち大人が作ってしまった大きな壁があり、社会の常識と現在の制度や規制に阻《はば》まれ、身動きが取れなかったことも事実でした。

ならば、やはり最後にこの子を助けられるのは、私だけ。

誰に何を言われてもかまわない。それが社会の常識に反していてもいい。それしかこの子が生きる道がないのなら、みいちゃんのために、自ら道を作ろう。自分が常識を作っていこう。

そんなふうに考えだしたのは、「みいちゃんのお菓子工房」をスタートさせる1~2年前のことです。

◇心と体と声のケア

本章の初めのほう（128ページ、「「見えない障がい」を伝える」）で、4年生全員の前で説明をしたことを書きました。その際、みいちゃんがその会場にはいないように配慮してもらったのですが、それは、自分自身がみいちゃんの立場だったら……ということを真剣に考えたとき、今後、みいちゃんが克服できる場、その隙間を作っておかねばならないと思ったからです。

話せない子、動けない子、と断定することだけは避けないといけないと思い、これまで対応してきました。子どもたちにも、「みいちゃんは、きっといつか克服できるんだよ。だから、それまで待ってあげてね」と伝えていました。

もし、自分の目の前で、自分のことを「話せない子なんです」なんて母親に言われてしまったら、たとえみいちゃんに話せる勇気を持てるときがきたとしても、話すことに相当な勇気が必要になってしまうはずです。「いつか話せる」という環境作りだけは、私は徹底して整えてきたつもりです。

こうした背景から、みいちゃんはその場にいないほうがよいだろうと考え、みんなにお話ししている間、みいちゃんには、先生と個別に授業をしてもらっていました。

何かを始めるときには、必ずリスクが伴います。何かにチャレンジするたびに、そのリスクはついて回ります。でも、そのリスクを怖がっていたら、今の状況からは抜け出せません。最大限のリスクを想定し、それを承知のうえで、リスクを少しでも回避するように事前に関係者と相談しておくこと。これは、過去の支援のなかで、常に私がしてきたことです。

「みいちゃんは、きっと話せるようになるよ」
「みんな、その時を待っているから」
「あきらめないでね」

みいちゃんに、私が言い続けていることです。

ただ、皆さんの前で説明するとき、克服しようと頑張ってるみいちゃんには聞かせたくない言葉も含まれていました。そこは、説明をする際に、どうしても避けられなかったので、みいちゃんをその場から離すという方法を取りました。

みいちゃんの場合、目の前の支援という視点では、「話せないこと」よりも「動けないこと」のほうがはるかに大きな課題です。この現実のなかでは、まずは「体を緩める支援」を優先せざるを得ませんでした。

声が出ないのは、のどが緊張して硬くなり、声が出せない状態になるからですが、声が出せない症状を伴う一般的な「場面緘黙症」の支援と、さらにそこに体が動かなくなる「緘動」の症状を持ち合わせているみいちゃんの支援とでは、その歩み寄り方が全く違いました。

声が出なくても社会参画の手段はまだあります。

でも、体が動かないとなると、社会参画の手段には限界があり、その条件がかなり絞られてしまう。そう考えていたので、私のみいちゃんに対するサポートの優先順位は、声ではなく、まずは体の動きに対してが上だったのです。

体を緩めるケアを優先するなかで、今は声を必要としないという期間がありました。SNSやメディアに出る際にも、「声が出せない子」「声なき子」という表現を使ってしまった時期があります。皆さんに、わかりやすく一つのワードでみいちゃんのことを知っていただくには、症状を理解しやすい単語を選択するしかなかったのです。

しかしこれは、毎回、私にとって苦渋の決断でした。今は我慢。今はまず、みいちゃんの体を緩めることが優先なのだから仕方がない。そう考え、心を痛めながらも、「体」か「声」かのどちらかを選択し、一つずつ前に進むしかありませんでした。体も声も同時に、そんな一足飛びに克服できるようなものであれば苦労はしないのです。

ただ、このアプローチの仕方は、私の説明が不足していたのか、理解しづらかったのか、そもそも理解できない症状なのか、一部の方からは、私たちの支援の在り方に対して次のような意見が寄せられました。

みいちゃんは、話せるんです。「声がない」なんて言わないでください。

みいちゃんを「話せない子」にしないでください。

そう言われるたびに、私は胸が痛みました。丁寧に説明したくても時間が足りず、簡単に理解していただけるものでもないため、温かいメッセージゆえに対応は困難でした。

みいちゃんと常に一緒にいる母親でも、みいちゃんに対して「話せない子」などという評価をしたことはないのです。すべてが克服までの過程の段階で、話せるようになるために進むべき訓練であり、チャレンジなのでした。

みいちゃんに寄り添う私たちの最終支援目標は、「みいちゃんが、自分らしいみいちゃんで在り続けられること」です。

みいちゃん自身が、声は必要ないと考えているときに、周りがどう頑張っても前に進みません。強制的に「声を出しなさい」と言うことも、支援する手段としてはかけ離れています。他人《ひと》に説明することが難しい症状であったため、支援をしながら説明の難しさを感じてきました。

「今は、声ではないんです。体を緩める支援が必要なんです」

などと言っても、きっと誰も理解できないでしょう。とくに、みいちゃんの「緘動《かんどう》症状」を実際に見たことのない方には、その状況を理解することは難しいと思います。

◇家族にしかわからない

夫婦間の問題はその夫婦にしかわからないように、家族の日々の苦難、辛さ、努力は、家庭生活のなかに存在するものなので、外部の方がその一部始終を理解できるわけがありません。ですから、私が徹底して守っていることは、そうした苦難の真っ只中にいる方、乗り越えようと家族全員が必死になっている方に対して、他人の私が何かをアドバイスするようなことはしないということでした。

アドバイスをするという行為は、「今のあなたのその行動は、間違っていますよ」「こうするともっと良くなって、今の状況から抜け出せますよ」という上から目線になってしまうということと、これまでのいろいろな苦難のなかで見つけだしたこと、そこから一つひとつ築き上げた対策であることなど、そんな背景を一切知らない方々が一瞬で、外部から生き方の軌道修正をかけてくるということなのです。

そこに至る苦労は、第三者には絶対にわかりません。自分ができることが仮にあるとしたら、話を聞いてあげて、ほんの少し心を楽にしてあげること、そして、本人たちを陰ながら支えてあげること、それだけです。これ以上に人の家庭に介入することは、絶対にタブーだと思っています。

こう心に決めているのには、私自身の体験がありました。実際に過去、私は多くの方からアドバイスをいただきましたが、心を傷つけられることが数多くあったのです。その多くは、みいちゃんの状況、私たち家族の状況をきちんと知っていたのか疑問が残るものばかりでした。なぜなら、そうしたアドバイスをいただいた皆さんのほとんどが、みいちゃんに会ったことのない方だったからです。

幼少期の親の育児放棄が原因。
声が出ない環境を作ってしまっている。
学校に行かせる努力をするべき。
子どものために仕事は辞めるべき。
自宅では、なんでもできるんですよね。

そんな声が届きます。
とくに、「自宅では、なんでもできるんですよね」というひと言で片づけられることがいかに多かったか……。

最後は、家族にしかわからない。

家族だけがみいちゃんの支え。

だったら、私はこの世間の常識に逆らってでも、みいちゃんをサポートする。


これが、多くの支援機関を渡り歩き、説明し続けてきた私の結論です。

事実、「みいちゃんのお菓子工房」を小学校6年生のときにオープンするという決断をしたとき、私は家族以外の誰にも相談しませんでした。

たとえ誰かに何かを言われても、「みいちゃんには、必ず居場所を作ってあげるからね」という気持ちが揺らぐことはありません。

心がつぶれそうになりかけていた私がこんなに強くなれたのは、これまでの長い孤独のなかで行き着いた、この気持ちがあったからです。


日本の社会には、既成の制度のなかでは守ることができない子がいます。障がいでもなく病気ほどでもないグレーゾーンにいる子どもたちです。

わかりづらい心の病を理解していただくには、症例が少ないこと。

その反面、母親にはまだまだできることがあること。

そして、親の支援の在り方は、社会の常識にとらわれなければ、その可能性は無限大であること。

これが、みいちゃんとともに社会に抵抗しながら生きようと這い上がってきた今の私が、皆さんにお伝えしたいことです。

みいちゃんのママ's Voice

世間の「常識」と人間の進化

世間の「常識」は、勝手に大人が作っただけのもので、人の意見の多数決を取り、多いほうの意見を採用したグループ分け。

この地球に存在する人間は、「声」でコミュニケーションを取る人種だって、誰が決めたのか。

体ではなく、「魂」でコミュニケーションを取る（生きる）人種がこの地球上にはいて、とても大切なことを教えてくれていることに誰も気づかない。

そして人間って、今も進化している。さらに、なんでもできる環境があるよりも、「これしかできない」「ここでしか生きられない」という厳しい条件があるほうが、その細胞は「生き残ろう」と頑張ろうとする。そんなすごい生命力を秘めているのが“人間”。

まず、自分が“人間”に生まれたことに感謝しよう。それだけで、これ以上にはない極上の幸せを手にしているのだから。

第5章

双子のかあくん
——みいちゃんとの絆

かあくんの心の悲鳴

◇乗り越えろ、かあくん

みいちゃんとは切っても切れない関係の、双子のお兄ちゃんかあくんについては、これまでの章でもたびたび触れてきました。部分的に重複する内容もありますが、かあくんに焦点を絞らないとお伝えできないことがあり、この章ではかあくんを中心に綴ります。

子どもたちの小学校生活で、じつは、かあくんを一番心配した時期があります。かあくんは比較的、純粋な部分が多く、同年代の子どもたちが次第に子どもから思春期へと成長する過程がみんなより少し遅かったのかもしれません。かあくんは、三人の我が子のうち群を抜いて優しく、いつも私やみいちゃんの心配をしてくれていました。

「ママ、仕事頑張りすぎたらあかんよ。ママはな、仕事もして、ご飯も作って、僕らの面倒も見てるんやからな。僕の仕事は、学校行って勉強することだけやけど、ママの仕事はいっ

かあくんは、いつだって妹想い。物心ついてからずっと、周りを気遣ってくれた

ぱいありすぎるからなあ」

かあくんが、小学校1年生のときのことです。こんなふうに気遣ってくれて、とてもうれしかったことを覚えています。

我が家の子どもたちは感受性が強く繊細で、いろいろな人の雑念や思想などを自分なりに解釈して敏感に感じ取りました。それゆえに、大勢の人のなかに入ると、多くのみんなのさまざまな想いをくみ取ってしまい、頭の整理が追いつかずに、パニックになったり極度に心配したり、不安に陥ったりする傾向がありました。

一般的に、こうした子どもたちをHSP*注と呼びます。

かあくんには、その傾向がありました。私から見ると、みいちゃんもかあくんも「不安症の要素」は少なくとも生まれたときから持っています。その症状の出方が違うだけなのだと思っています。みいちゃんは、少しその不安症の度合が大きく、体の動きも制御されるほどだったのですが、かあくんは、充分に社会に適用できる状態ではありました。

ただ、きっと相当に「生きづらさ」を感じる場面があったと思います。のちに触れますが、かあくんの心の痛み（心因性のストレス）は、体中に痛みを発生させました。痛みが出たとき、いくつもの病院を受診しましたが、原因はわかりませんでした。

その頃から私は、人が実際に感じる痛みには、一般的に感じる痛みである「神経の痛み」と、心の痛みが生み出す「仮想の痛み」があることを知りました。〝仮想の〟といっても、それは神経の痛みとなんら変わらず実際に痛みます。

人間って、本当に不思議な生き物だと思いました。

念じれば痛みを生み出せる、とでも言えばよいでしょうか。まるで魔法のような世界でした。論理では解決できない医学的な事象を、私はこの先、子どもたちからいくつも教えてもらうことになるのです。

純粋なかあくんは、小学校中学年の頃、成長する過程でとても苦しみました。

それはきっと、これから先の人生でかあくん自身が経験していく人生の重さ、不条理、納得できないこと、苦労といった出来事のうちの一つで、大人になっていくことを体験したのだと思います。

この社会は、神の世界ではなく人間の世界です。純粋に生き続けることなどできず、誤解を恐れずに言えば、「要領よく生きる」術を子どもは成長する過程で嫌でも知っていくのが現実なのです。

かあくんは、クラスのなかで、みいちゃんとは一定の距離を保ちながらも、間接的にお世話をしていました。いつでもみいちゃんのことを気にしていて、授業の一つひとつに、みいちゃんができること、できないことを感じ取り、一日が終わると、私に逐一報告をしてくれました。

「今日はみずきはな、体育で走っとったで。先生に手、引っ張ってもらって」
「今日は、支援学級で勉強しとった」
「今日は、支援学級の部屋におらんかったで」

「あいつ、お茶どうやっても飲みよらへんねんなー。絶対、のど渇いてるはずやのに。倒れるで、マジで」

かあくんがこのように日々報告してくれるので、私は学校でのみいちゃんの様子を、とてもよく知ることができ、助かっていました。

かあくん　「今日な、学校で○○先生が、むっちゃおもろかったんやで（笑）。なあ、みずき」

みいちゃん　「うん（笑）。おもろかった」

かあくん　「今日の給食、うまかったわあ。今度、家でも作って。うまそうやと思わんかった？　あのチキンのやつ」

みいちゃん　「おいしそうやった」

こんなふうに学校での出来事を再現するかのように、かあくんは、自宅でいつもみいちゃんに学校での出来事に対する反応を聞く場を作ってくれていました。なにげないこんな日常が、みいちゃんにとっては、日々学校に行けるきっかけになっていたのかもしれません。

でもそんなかあくんに、神様は試練を与えます。

かあくんは、みいちゃんとのことを学校でチャカされるようになりました。4年生になった頃のことです。

「お前ら、ラブラブやんー」

それは、「いじめ」などという深刻なものではなく、日頃の子どもたち同士のふざけた会話程度だったと思います。でもかあくんは、友達からのそうしたひと言を無視（いわゆる〝スルー〟）できなかったのです。

「俺、嫌やな。そう言われるねん、みんなに」

おそらく私に悩みを打ち明けてくれた頃には、かあくんの心は限界に達していたのでしょう。

状況は、すぐに理解できました。

そしてかあくんは、私にそうつぶやいたことで、少しだけ心が軽くなったように見えました。私はただ、聞いてあげることしかできませんでした。

その頃から、私が学校に様子を見に行ったりすると、かあくんは、学校ではみいちゃんのことを素っ気なく扱うようになっていました。まるで他人のように、です。この態度の変化を私はしっかり感じ取りました。それは、かあくんが自分なりに考え抜いた、学校で生きていくための術だったのです。

一方、自宅でのかあくんとみいちゃんの様子は、全く変わりませんでした。きっと、心のなかでは葛藤があったと思います。

「乗り越えろ、かあくん」

私は心のなかで、何度も何度も祈るようにつぶやいていました。

それは、大人になるということ。長い人生のなかで、いろいろな辛い出来事に出合うその一歩だと思おう。ここを乗り越えられたら、この先辛いことがあっても、きっとまた乗り越えられると思うから。

毎朝、そう心のなかでこう繰り返し、学校へ行くかあくんとみいちゃんを見送りました。

そして、こんなことがあったのち、私はかあくんに一つ提案をしました。

「かあくん、来年は、みいちゃんと別のクラスにしてもらおうかと思うねん」

深い説明はしませんでした。

「え、そうなん?」

「そのほうがいいかなと思って……。ずっと一緒やったしな」

かあくんは、少し考えていました。

それが確か4年生の夏休みに入る直前くらいだったように思います。そして、実際に5年生のクラス編成を考える時期に、かあくんと先生と私で相談をしました。

三人でいろいろな会話をしたのちに、かあくんは言いました。

「俺、一緒でいいで、みずきと」

この返事には悩みました。かあくんは、いつも自分のことより、私のこと、みいちゃんのことを気にかけてくれるのです。周りはそう望んでいる、と思っての発言かもしれないし、そんなかあくんにいつまでも甘えることもできない、と考えていました。

答えは、なかなか出せませんでした。

かあくんと二人きりで話すことができたときには、かあくんの微妙な心の声を引き出そうと、クラス編成のことなどを相談しました。でも、何度聞いてもかあくんの返事は変わりませんでした。「一緒でいいで、みずきと」と言うのです。

そして、私はかあくんのその言葉に甘え、小学校を卒業するまでの6年間、みいちゃんと一緒のクラスにしてもらったのです。

もちろんこれは、みいちゃんの合理的配慮のもとでの学校との相談結果でもありました。

しかし、このときの判断は、その後も私のなかでは、あれで正解だったのかどうかという疑問をずっと心に残したままとなっています。

＊注　ＨＳＰ

Highly Sensitive Person の頭文字をとった心理学的概念。日本語に訳すと「非常に繊細な人」となり、一般の人よりも感受性が強く、外部からの刺激に敏感な人々を指す。ＨＳＰは病気ではなく、個々の「気質」であり、生まれ育った環境やその人の性格によるものではないことがわかっている。

◇かあくんの役割

家庭で母親の役割を務めながら心を痛めることが多かったなか、かあくんのお兄ちゃんとしての偉大さに、私はとても感心していました。時間が経過するほどにかあくんの存在の大きさ、かあくんの包容力の強さ、兄妹《きょうだい》愛の強さを知りました。

私がこれまで経験してきた苦悩の日々、きっと幼かったかあくんも同じだったはずです。それを一人、耐え抜いてきたかあくん。そしてなにげなく元気にふるまって、日々みいちゃんのサポートをし、お友達の間に入ってみいちゃんとの架け橋となる。それを小学生の間、ずっと続けていたかあくん。

自宅と学校で変貌する妹。
見ていられないような学校での妹の姿。
あんなに家では元気な妹なのに……。
なんでみずきは、学校であんなふうになってしまうんだろう？
「俺が守ったる」って言ったけど、どうしたらみずきは学校で楽になれるんやろう？

人知れず、みいちゃんのお兄ちゃんとしての試練を耐え抜いてきたかあくん

俺ができることはなんなんだろう？

なにげない日常のなかで、私が考えている以上の試練をかあくんはわずか七、八歳から経験し、みいちゃんと乗り越えていたのだと思うと、かあくんの試練は、みいちゃんの試練と同じくらいの大きさだったのかもしれません。

そして、それを克服する術を、すでにかあくん自身が子どもながらに持ち得ていたことに心底驚きます。

よく一人で耐えてきたね、かあくん。すごいよ、ほんとにすごい。

私はいつも勇気をもらっています。

そして同時に私は、みいちゃん以上に、かあくんの心のケアをしないといけないことを、はっきり感じていたのです。

2年生になる頃からは、みいちゃんのサポートと同時に、かあくんのサポートを見えないところでしてきました。かあくんがつぶれてしまったら、みいちゃんもつぶれてしまう。それが目に見えてわかったからです。

◇かあくんの心の負担の大きさ

私には、みいちゃんだけでなく、三人の我が子のために、それぞれの子の特性を見極めて対応する必要がありました。

私のなかで一番心のケアが必要だと感じていたのが、じつはかあくんだったのです。かあくんは、先ほど書いたようにいつも元気で明るく、小学校から帰ってくると自分のことと同時にみいちゃんの様子を報告してくれました。みいちゃんのサポートは、かあくんの生活の一部になっていたのです。実際、学校では直接的な支援はあまりしないものの、友達との間に入って間接的にみいちゃんの様子を伝えたり、第3章でもお伝えしましたが（84ページ参照）、みいちゃんが脱水症状になりそうな夏には、運動場の隅っこの誰からも見えないところへ連れていって、みいちゃんを陰ながらサポートしていました。

「みずき、ここは誰もこーへんから、飲んでも大丈夫や。誰も見てないし。ほら、お茶、飲んでみ」

と、みいちゃんに水分を摂るように言い続けてくれていたのです。

しかし、そんなかあくんの支援も虚しく、学校という空間では、かあくんがいくら寄り添ってもみいちゃんは、水分を摂ることができませんでした。もちろん、かあくんと二人きりになっても、学校ではみいちゃんはかあくんとお話ができません。みいちゃんの症状は、自分の意思で意図的にやっているものではないからです。自分の意思では自分自身の体の制御ができなくなるので、さすがのかあくんでもどうにもしてあげられなかったのです。


そんな小学校生活を送りながら、みいちゃんの心のケアと同時に、かあくんの心のケアも継続していました。先述の通り（88ページ参照）、臨床心理士さんとの面談です。定期的に学校を休んで二人を連れていっていました。毎回1時間ほどかけて、かあくんの心の声を拾いあげ、かあくんの心を軽くしていただきました。そのあとに、私が心理士さんと面談をし、その日のかあくんの面談時の様子を聞くというのが毎回の流れでした。心理士さんから私が聞くかあくんは、母親には見せない姿でした。

心理士さんが、かあくんに自分のことを話すように促してくれるのですが、かあくんが話す内容はいつも、みいちゃんのことだったのです。

「みずきが心配で。あいつ、学校では話せなくなるし、動けなくなるし。俺が見てやってるけど、水分も摂らへんから脱水症状になるし……」

かあくんは、そんな話を臨床心理士さんにしていました。

かあくんにとって、この時間はとても重要でした。母親の私には、こうした心配事は言わないのです。一人で抱えているのです。そして、知らないうちにその心配は、かあくんの心の負担となって積もっていました。ただ、かあくん本人は、負担になっていることを全く感じていません。

臨床心理士さんから、こう言われていました。

「いつもかあくんは、妹さんの話ばかりするんです。自分のことで何か困っていないかと聞いても、どうしてもみいちゃんの話に戻ってしまう。とても優しいお兄ちゃんで、いつも妹さんの心配をしています。そんなに妹さんの心配ばっかりしていたら、しんどくなっちゃうよ、と伝えても、毎回、妹さんのことを話してくるのです。ちょっと、お兄ちゃんのほうが心配です。子どもとは思えないくらい大人の目を持っていて、負担がお兄ちゃんに相当きています」

かあくんの心の負担を取ってあげないと、いつかつぶれてしまうかもしれないと、そんな忠告を受けていたのです。

二人を同じクラスにして良いのかどうか。それは、みいちゃんのケアとかあくんのケア、両方から状況を見極める必要がありました。

ひょっとしたら、かあくんの負担軽減のためにどこかのタイミングで、クラスを別にしたほうが良かったのかもしれません。それが正解だったのかはわかりませんが、こうした状況での課題は、小学校卒業と同時に別々の道を歩んだことで乗り切ることができました。

◇かあくんの症状と心の成長

かあくんは、小学校低学年の頃から原因不明の症状が体に現れていました。体中の痛みと紫斑《しはん》が体のあちこちにたくさん出てきたのです。あまりの痛みに学校の体育の授業ができなくてお休みしたり、小学校1年生から始めていた大好きだったスポーツ少年団の野球も、筋肉の痛みがひどく、低学年でやめてしまいました。

「成長痛」とも言われましたが、はっきりとした原因はわからないままでした。大学病院に通院し、入院して精密検査をしましたが、原因はやはりわかりませんでした。高学年になって体が成長してきても痛みは続き、どうしてあげればいいのか、病院の先生にもわかりませんでした。

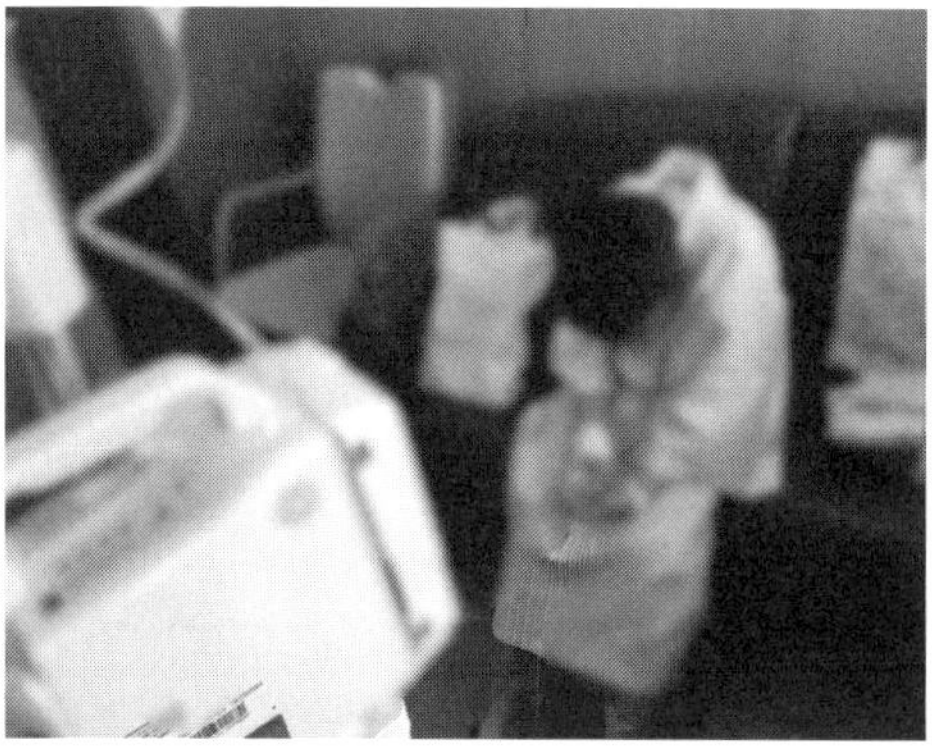
体中の痛みで心も疲弊し、検査通院を繰り返していたかあくん。結果、体に異常は見つからなかった

でも、かあくんの体中の痛みは小学校卒業と同時に自然と消えていったのです。そして中学校に入り、大好きな野球を再び始めました。体の痛みがまた出ないかどうかをかあくん自身が相当心配していましたが、中学校3年生まで大きな痛みも出ずに野球を続けることができました。小学生のとき、やりたくても続けることができなかった野球。ようやく自分の体が自分の思うようになり、かあくんは自分らしさを取り戻していきました。

小学校の卒業と同時に、みいちゃんは養護学校、かあくんは地元の中学校に進むことになり、別々の道を歩みはじめました。そうした環境が初めて得られたことをきっかけに、かあくんらしさを取り戻したのでしょう。

学校生活のなかで、かあくんからみいちゃんの存在が初めて消えたのです。それは、かあくんにとって心への負担が完全になくなった環境でした。かあくんは、みいちゃんと離れたことで、良くも悪くも自分の心配だけができる環境になり、ヤングケアラーから解放されたのです。

かあくんの体に長い期間出ていた原因不明の痛みは、かあくん自身の心の痛みだったのかもしれないとつくづく思います。中学生になってからは、体の痛みを口に出すことは全くなくなりました。ただ、そこに至るまでは、そう簡単ではありませんでした。

中学校の入学式以降、かあくんは、学校へ行きづらくなったのです。

朝、一緒に途中まで登校してあげたこともありました。

そんなある時、一緒に自転車に乗りながら、かあくんが言ったのです。

「なんかなあ、俺、みずきがいいひんとあかんねんなあ」

「なんかわからんのやけど……、いっつも一緒にいてたし……」

「さみしいとかではなくて、なんかいつもと違うねん」

えっ⁉　まさか……、でした。

小学校時代、これまで何度もかあくんとみいちゃんを別のクラスにしようとして、そのままにしてきましたが、それは、かあくんが「みいちゃんと同じクラスでいい」と言ってくれていたからでした。でも、もしかしたら、かあくんが自分のためにそうしたかったのかもしれません。

みいちゃんが傍にいることで、かあくん自身が自分の存在を保ち、何か嫌なことがあっても、「みいちゃんはもっと大変なんだから」と自分に言い聞かせながら、きっと、何があっても頑張ってこられたのだと思ったのです。これまでのすべての出来事が、パーツのようにつながった瞬間でした。

そうでなかったとしたら、私が経験したように、かあくん自身が先に壊れてしまったと思うのです。

反対にみいちゃんは、かあくんと学校が別々になっても全く平気でした。私が6年間ずっと心配してきたことは、想像不可能の逆転劇だったのです。

私は、みいちゃんは、かあくんと離れると今までできていたことが一気にできなくなるかもしれないという怖さから、かあくんに甘えて、二人をずっと一緒のクラスにしていたのだから。

そうか、かあくんがみいちゃんを頼っていたんだ――そう思うと、辻褄が合うことがたくさんありました。かあくんにとって、みいちゃんは空気のような存在になっていたのです。夫婦のように、いつでも傍に在る安心です。

私はこの時、どんなに近くにいても、一緒に生活をしていても、子どもの心のなかまでは親にもわからないことを、改めて教えてもらいました。こんなこと、口が裂けてもかあくんは、私に言えなかったと思うのです。

これまでかあくんが抱えてきた負担が大きすぎて、負担が依存に変わってしまっていたのかもしれません。学校と自宅では二人の状況が一変し、支え、支え合うそれぞれの立場が、どちらの環境にもあり、少し異質な関係でなんとかキープできていたかあくんとみいちゃん。それは、私の見えないところで日々、変化しながらうねりのなかで、二人一緒であるがゆえに耐えきれていたんだと思うのです。そう考えると、かあくんとみいちゃんの心の絆は、口で言うほど簡単なものではないんだろうな、と子どもの生きていく力のすごさを感じたのでした。

そうしてかあくんは、みいちゃんと別々に学校に行きはじめた数か月後、双子に起こりやすい「双子依存」の壁を自分自身で乗り越え、中学校に行けるようになりました。

みいちゃんもまた、心配していた以上にスムーズに養護学校へ登校しました。

この時、大きな我が家の難題が一つ解決したのです。肩の荷が下りたと感じるとともに、子どもの成長を一つ見届けた気持ちにもなりました。親は本当に、子どもたちから教えてもらうことが多いものです。そして、そう感じる出来事が多ければ多いほど、素敵な家族像なのかもしれない。私はこんなふうに思うようになっていました。

Tea Time

みぃちゃんのママ's Voice

双子の力

双子って素敵だなと、みいちゃんとかあくんを見て思うんです。兄、妹の関係というより、人生の相棒。兄妹《きょうだい》以上、夫婦未満。微妙な位置関係に存在する二人です。みいちゃんがもしも、かあくんと出会っていなかったとしたら、みいちゃんの人生は大きく変わっていたはず。だって、かあくんは、みいちゃんの心の声の表現者だから。

そしてかあくんは、みいちゃんのことを生まれる前の魂の頃から知っている仲。みいちゃんの機嫌が悪くなったとき、かあくんに対応を頼むと、一瞬で二人して笑顔になったりするから不思議。「かあくん、すごいな（笑）」と心から尊敬することがたびたびある。

みいちゃんは、神様から魂をいただくときに、絶対に生まれる場所を選んできたと思う。世の中は理屈で説明できないことだらけ。でも、きっと人間って、事実本当に神秘的で、私たちにはまだ見えていないことがいっぱいあるんだろう。私のお腹に、まずかあくんが来てくれたこと、続いて追いかけるようにみいちゃんが来てくれたこと、そして、杉之原ファミリーを選んでくれたこと。ありがとう。あなたたちが私たち夫婦を選んでくれたから、杉之原家のチーム力は最強だ。

第6章

お菓子との出会い
——マルシェでの販売を始める

「自由になれる時間」を得る

みいちゃんの人生の方向を決めることになる「お菓子作り」。第3章でも多少触れましたので、一部、先述した内容と重なるかもしれませんが、インスタデビューをした「焼きおにぎり」のエピソードのあたりから、改めてその出会いの過程とみいちゃんの姿を綴っていきます。

◇お菓子作りとの出会い

みいちゃんが、完全に学校に行けなくなったのは、小学校4年生の3学期でした。突然やってきた「その時」でしたが、私はそれまでの経験から、心を荒立てることなくみいちゃんに素直に向き合うことができました。

まず、私が考えたことは、これがようやく訪れたみいちゃんにとっての大きなチャンスだということです。みいちゃんが自分らしく生きたい願望そのものだということ。この心の変化を決して見過ごしてはいけない。すぐにそう感じたのです。そして、みいちゃんが自宅で何かを見つけられるようにとキッズ携帯を解約し、大人が使っているものと同じスマートフォンを買い与えました。みいちゃん自身が、スマホから見る無限の情報のなかから自分がやりたいと思う情報を取り出すことができるように。そして、社会との接点を途切らせないようにするために。みいちゃんのスマホに入れたアプリは、

お料理などのレシピを検索できる「クックパッド」
情報発信や情報収集ができる「ツイッター」（現「X」）
文字でコミュニケーションが取れる「ライン」
写真などの投稿でコミュケーションが取れる「インスタグラム」

これらが主要なもので、みいちゃんが欲しいと思うだろうアプリをいっぱいインストールしました。当時、小学校4年生でスマートフォンを持つ子は少なく、今でも一般的には子どもに買い与えるには早すぎるかもしれません。でも、みいちゃんにとっては生きていくツールの一つでした。同時に私は、かあくんにも同じスマホを買ってあげました。これには、意図があります。

少し使い方を教えると、みいちゃんとかあくんはすぐに扱いを覚え、アプリでさまざまな

情報を検索するようになりました。そしてスマホを与えてから2、3日後、みいちゃんから早速ラインが入ります。最初に送ってきたのは、検索した料理のレシピでした。

「今日、焼きおにぎり作りたい」


仕事中、みいちゃんからそんなメッセージが届きます。

私はみいちゃんのやりたい気持ちに、すぐに反応してあげました。

「わぁ、みいちゃんとのお料理楽しみー！」

「うん！　早く帰ってきてな」


そうして初めてみいちゃんと一緒に作ったお料理が、第3章で触れた「焼きおにぎり」です。

これなら自分にもできるかな、と思ったのでしょう。おにぎりを作り、お醤油を塗って、フライパンで焼き目をつけました。実際の作業はみいちゃん一人でしました。

フライパンを使うのも初めてです。慣れない手つきでフライパンに油を敷いて、おにぎりを焼きました。

「ああ！　ママ、ひっついちゃった。おにぎりが壊れたー」

慌てふためいているみいちゃんはとてもかわいく、楽しそうでした。学校に行かなくなってからのほうが自宅でも笑顔が増えたような気がしました。そして、出来上がったちょっと崩れた「焼きおにぎり」。初めて自分で作ったお料理です。みいちゃんは、そのおにぎりをスマホのカメラで撮りました。

「おいしいか？」

「むっちゃおいしいでー。また作ってあげるな」

そんな和やかな雰囲気の台所でした。

その夜、かあくんとみいちゃんは、インスタグラムに投稿しようと何やら、二人で相談していました。インスタグラムは閲覧用にとインストールしていたのですが、みいちゃんによる投稿はまさに想定外でした。この時、みいちゃんは、かあくんに見守られながら、その「焼きおにぎり」をインスタグラムに初投稿したのです。

すぐにみいちゃんは言いました。

「ママ！　『いいね！』してや！」

隣にいたかあくんにも「『いいね！』してや」と言っています。

「はいはい」と言いながら、「いいね！」をしてあげました。すると知らない人から一人、二人、「いいね！」をもらったのです。

「わ！　ママ見て！　『いいね！』してもらったー」と大喜び。

それは、これまで何もできなかったみいちゃんが、初めて自分を評価してもらえた瞬間でした。普段、コミュニケーションが取れないみいちゃんにとっては、この出来事がうれしくてうれしくてたまりませんでした。かあくんも続いて、家にあるポテトチップスを撮って投稿して、二人で「いいね！」のし合いっこ。新しく知った世界を楽しんでいました。

インスタグラムは、のちにみいちゃんの人生を変える転機になるのですが、かあくんにも同じスマホを与えたことでできた挑戦でもありました。いつも一緒にいたみいちゃんとかあくんだったので、スマホでも同じ環境を一緒に作ってあげることで、二人で新しい世界を創りあげるような気がしていたのです。これが私がかあくんにスマートフォンを渡した意図です。かあくんには少し早いスマホデビューでしたが、かあくんは、間違いなくみいちゃんの背中を押したのでした。

みいちゃんが「焼きおにぎり」を投稿したこと、それは、一般的にはそれほど驚くことではないかもしれませんが、みいちゃんにとっては、大きな大きな前進でした。自分から家族以外の人に何かを発信することが10歳まで一度もできず、何か手段はないのだろうかとずっと悩んできたのですから、これがどれほどすごいことかを理解するまで、それほど時間はかかりませんでした。

　声はなくても写真で発信をして、その反応をもらう。そしてうれしくなる。これは、明らかに知らない人とのコミニュケーションです。みいちゃんは、初めて家族以外の人とＳＮＳを通してコミュニケーションが取れたのです。そしてその数時間後、みいちゃんは知らない人から「すごい！　上手だね！」とコメントをもらい、そこにみいちゃんは、自分の言葉でコメントを返しました。

　インスタグラムの世界では、みいちゃんは知らない人とでもお話しすることができるとわかり、私は、何かの可能性を感じました。みいちゃんにも、きっと生きる術があるはず。

　こうしてみいちゃんは、インスタグラムを通じて誰かとコミュニケーションを取ることを楽しみ、同時にお料理に目覚めたのです。

　みいちゃんは、

「ママ！　今日は、この材料を買ってきて」

とレシピを毎日、送ってくるようになりました。私が仕事に出ている日中に、長い時間をかけてみんなの夕食を作ってくれるようになったのです。作ったお料理は毎回、インスタグラムに投稿していました。大袈裟かもしれませんが、これまでみいちゃんは、集団生活のなかで、何ひとつ褒められることがなかったのです。SNSでの一つひとつのやり取りは、みいちゃんにとって、これまで耐えてきた10年間を一瞬で乗り越えられるくらいの可能性に満ちたものだったのだと思います。知らない人から褒められることを、10歳で初めて経験していたあの時のみいちゃん。

みいちゃんが変わっていく様子が、私には手に取るようにわかりました。

それから1か月も経たないうちに、みいちゃんの興味はお料理からスイーツに変わります。それは突然訪れました。

いつの間にか、おかずを作ることをやめてしまい、お菓子を毎日作るようになっていたのです。夕食を作ってくれるありがたさを感じていた私は、みいちゃんに「おかずを作ってください！」と頼み込みましたが、

「いやだ。みいちゃん、お菓子作りで忙しいねん」

と、取り合ってもらえませんでした。

お菓子作りになぜ、突然はまってしまったのでしょうか？　それは、みいちゃん自身が「かわいい、かわいいものを作る楽しみ」を覚えたからです。そして何よりも、SNSを通じて返ってくる反応が、お料理よりお菓子のほうが圧倒的に多かったからでした。

「かわいいものを作る楽しみ」を覚え、お菓子作りに忙しいみいちゃん

お菓子は、みんなを笑顔にできることを、この時みいちゃんは知ったのです。以来、おかずを作ることをすっかりやめてしまい、自分の時間をお菓子作りに充てて、かわいいスイーツ作りを極めることに方向転換したのです。

これはみいちゃん自身が決めたことです。学校に行かない選択をしたことで、みいちゃんはお菓子作りと出会いました。それが、のちにみいちゃんの人生を変えるきっかけになるとは、当時は考えてもいませんでした。

◇自分らしく生きることの大切さ

みんなが学校に行っている間、みいちゃんは、自分が自分らしくいられる居場所で、自分が「自由になれる時間」を過ごすことになりました。

こんな当たり前のことさえ、今までのみいちゃんには、その権利がなかったのです。

みいちゃんは突然やってきた自分の時間を、とにかくやりたいことをして過ごしたいと思いました。

この時、初めて私は気づきました。脳の細胞が一番増えるこの大切な時期に、みいちゃんに「自由になれる時間」「自分らしくいられる時間」を与えてあげられなかったという過ちにです。学校に行かせることがあまりにも世の中の常識になりすぎていて、親の私たちも「学校に行かせなくていい」または、「『行かない』と子どもが言ってもいい」という選択を、我が子に与えていませんでした。

しかし、みいちゃんみたいに特殊な症状があって、学校では全く本来の自分になれない人たちがいるとすれば、その人たちにとって、学校に行くことが最善の策だとは思えません。何らかの不安症や恐怖症により、その場所が自分らしく生きることができない空間なのであれば、自分らしくいられる時間や空間を、バランスよく提供してあげることが、本来なされるべきだと思うのです。冷静に考えれば、こんなシンプルで単純な話なのに、年を重ねるにつれ、自分が生きてきた社会の常識から抜け出せなくて頭が固くなり、柔軟に考えて生きようとはしなくなります。母親の私がこんな考えをしていたら、当然、我が子にそんな選択ができるわけがなく、みいちゃんは自分の身をもって、ママに訴えてきたのだと思いました。学校に行かなくなってからのいきいきとして楽しそうなみいちゃんの様子を見て、私はものすごく反省したのです。自分でも情けないです。

みいちゃん、ごめんね。

みんなと同じようにみいちゃんにもしたいことがあって、自分で極めたいこともあって、習いたいこともあっただろうに。

そういうことができる時間を、人生で一番成長する時期に与えてあげられていなかったことに全く気づけなかった。本当にごめんね。

心のなかで、何度も何度もみいちゃんに謝っていました。過ぎた時間はもう戻りません。

小学校の1年生から4年生までは、朝7時すぎから夜の6時頃まで、学校と学童へ行かせ、飲まず食わずで、あやつり人形のような状態になってしまうことを知っていながら、毎日11時間をそうした空間で過ごさせていました。

みいちゃんの「学校に行かない選択」は、心の叫びそのものだったのです。

〜みぃちゃんの心の叫び〜
ママ、もう無理だよ
みぃちゃんは、もうしんどすぎる
いっぱいしゃべりたいし、いっぱいやりたいことをしたいし、いっぱい勉強したい
お友達とも遊びたい。けど……
かあくんと一緒に学校に行かないといけないのはわかっているけど……
お腹がすいて、のども渇いて、暑くなると頭が痛くなる
学校に行かないといけないのはわかってるんだけど、やっぱりしんどいよ

そんなみぃちゃんの心の叫びが、ズドーンと私に降りてきました。


みぃちゃんの心の叫びで、「はっ」と気づいたのです。

私がしていたことは、まるで、みぃちゃんを監禁していたかのような状態だったのかもしれない。かわいいかわいい我が子のはずなのに。冷静に考えたら、すぐわかることだったのに……。

人は、やっぱり誰でも「自分らしく生きられる空間」にいたいはずです。

私自身が、この社会で五体満足に生まれ、自由に動き回れる体を授かり、好きなことを言い合える環境で育っているので、今、私たちが存在する地球・世界が、いかに自由に生きられる星なのかということを、ついつい忘れてしまいがちなのかもしれません。そんな大きな視野で物事を見ると、自由なのに自由を使いきれていない自分がとても情けなくなります。

反面、みいちゃんのように自由になれない星に生まれながらも、ほんの少しの時間でも自由になれる居場所を見つけたとき、「今しかない」とばかりにやりたいことを始める姿を見ていると、心から支えてあげようと思うのです。それは、私が母親だからということだけでなく、この地球に生まれた一人の人間として、支えてあげるべき子どもだと心から思うということです。

なぜなら、みいちゃんは、私たちにいろいろなことを教えてくれるからです。目の前にある小さな幸せに気づかせてくれる天使のような存在で、きっと、私たち大人が守ってあげないといけない子どもなのです。

◇「お菓子との再会」をしたみぃちゃん

みいちゃんが本格的にお菓子作りに目覚めたのは、4年生の2月頃なのですが、じつはそれまでにも自宅で子どもたちとは、よくお菓子作りをしていました。運よく女の子を二人授かったので、我が家では、子どもたちが小さい頃から「杉之原家の女子会」というものを月に1回くらいやっていました。その女子会は、美味しいものを食べに行ったり、買い物に出かけたり、お菓子作りをしたりと、毎回、いろいろなことをお姉ちゃんとみいちゃんと私の三人で楽しむ会です。

女子会では順繰りに「ママちゃんデー」「みいちゃんデー」などをもうけていて、「ママちゃんデー」は私が行きたいところを自由に選べる日、「みいちゃんデー」はみいちゃんが行きたいところを選べる日といった具合です。そして「ママちゃんデー」には、子どもたちとお菓子作りをすることもありました。キャラクターもののクッキー作りなど、親子3人で一緒に作っていました。

こうした杉之原家のイベントは、とくに考えてセットしていたわけでもなく、私自身が子どもの頃に母親にしてもらっていたことだったので、普段の生活のなかで自然に行われていました。「さあやろう！」なんて意気込んだものでなく、杉之原家の日常的な「お楽しみ」でした。それがいつの間にか生活のルールの一部になっていたのですが、子どもを生んだとき、そして女の子が二人になったとき、私はお菓子作りを一緒にできるようになる数年先をずっとわくわくしながら待っていたように思います。それが、私の描く「素敵な家族像」＝

「幸せな家族像」だったからかもしれません。

そう振り返ると、みいちゃんが小学校4年生で突然お菓子作りに目覚めたわけではなく、それ以前に小さい頃から、お菓子作りには触れ合っていたのです。予期した種まきではありませんが、幼少期にまいた種が4年生で芽が出始めたと言ってよいかもしれません。みいちゃんとの過去の日々を遡ると、小さい頃の経験はとても大切だと感じます。人生の記憶の奥に「体が覚えている体験」として母親とのお菓子作りが脳に刷り込まれていたからこそ、時を経て4年生でお菓子作りと再会したとき、「母親と一緒にお菓子を作る」というステップを飛び越え、「自分一人で作る」というフェーズにいきなり入れたのです。


じつは私自身が、幼かった頃の母親とのお菓子作りの記憶が何歳になっても消えず、とても楽しい思い出として心の奥で温められている感じがありました。

創造力を活かしてそのセンスを極められるようになったみいちゃんのお菓子作りのことを、お母さんのマネジメント力だと賞賛いただくこともあるのですが、そのスタート地点「杉之原家の女子会」は、単に私に母親との楽しい思い出があったおかげで、自然と生まれた小さい頃の記憶との「再会」のような存在だったのです。

そう思うと、みいちゃんがお菓子作りに目覚め、天才と言われるほど心に響くスイーツを作れるようになったのは、遺伝子レベルで時間を遡ってみると、私の幼少期から、すでに始まっていたのかもしれないとさえ思うのです。

そんなふうに思いを巡らすと、世の中の天才キッズたちは、その2代前のおじいちゃん、おばあちゃんの人生の生き方が、遺伝子レベルで子ども、孫へとじわじわと伝わっていき、花開くようなものかもしれないと、人間の未知の可能性、不思議なつながりを感じています。

よく言われることですが、親子の触れ合いは本当に大切だということを、私たち親子の体験からも、改めてお伝えしたいと思います。みいちゃんのお菓子との出会いは、そんな親子の触れ合いのなかでの「お菓子との再会」であったということは、間違いないのです。

「好奇心」は生きるエネルギーの源

◇「人」という不安要素への取り組み

では、みいちゃんと私は、いったいどんなことから始めたのか、それをお伝えしていきます。みいちゃんが抱える不安症は、第2章でも述べたように、人・物・場所のトライアングルがうまくマッチしたときでないと、本来のみいちゃんになることを許してくれませんでした。「場所」が良くても、「人」に不安要素がある場合は体が思うように動きません。「人」と「場所」がマッチしていても、「物」がダメだったら同じことです。この場合の「物」は、みんなで共用のボールや絵本などいろいろで、それがわかるまでに、いつもかなりの時間がかかりました。

小学校の給食がずっと食べられなくて、苦肉の策で学校の先生に許可をいただきながら、駐車場に停めた車の中で給食を食べようとチャレンジした2年生のときは（衛生上の問題など、別の課題もありましたが、合理的配慮のなかで対応いただきました）、完全な密室で誰も入ってこない車という空間にもかかわらず、お盆の上に載せた給食は食べられませんでした。

でも、そんなある日、なにげなくみいちゃんのお弁当箱とお箸を持って再びチャレンジしたのです。小学校3年生のときでした。教室で、給食のおかずをみいちゃんの「かわいいお弁当箱」に入れてもらい、同じように学校の駐車場に停めた車で「かわいいお弁当箱」に入った給食をお盆の上に載せ、「自分のお箸」を渡してあげました。みいちゃんの膝の上のお盆には、みいちゃん自身が選んだ「かわいいお弁当箱」と、同じくみいちゃん自身が選んだ「自分のお箸」が置かれています。今日もダメだろうな……、そんなふうに半ば諦めながら私は車の中でスマホを触っていたのですが、ふとミラーで後部座席にいるみいちゃんを見ると、いつもと違い、じっとお弁当箱を見つめているのです。あれ？と様子がいつもと違うことに気づきました。すると、みいちゃんはゆっくりゆっくりと、「自分のお箸」を持ち、「かわいいお弁当箱」を開けたのです。

えっ、そういうこと⁉

私は、その時初めて、不安要素の原因が、給食の器とお箸であったことに気づいたのです。

「そうだったのかあ！　みいちゃん、もっと早くに言ってよー」

とチャカしながら、後部座席で本当にうれしそうに給食を食べはじめたみいちゃんを見て、ここ数年の苦労が一気に吹っ飛んでしまうほどうれしかったことを覚えています。

ただ、こんな単純な法則もじつは、みいちゃん自身がわかっていないのです。給食が食べられない原因が、「器」と「お箸」であることすら、みいちゃんにはわかりません。たまたま、みいちゃんのお弁当箱とお箸を持参して、いつもと同じように挑戦したときに、初めてみいちゃん自身が、そこにある見えない空気感を察知し、

「人」ＯＫ・「場所」ＯＫ・「物」ＯＫ　↓　不安材料なし

という情報が脳に送り込まれたのです。

給食が食べられなかった最後の要因が「物」だったとわかってからは、空っぽのお弁当箱とお箸を持参することにしました。

とはいえ、共働き家庭であったので、毎日は給食の時間に学校に行ってあげることができず、主人と私とが交代で、週に1回この給食支援に行ける程度でした。それでも、みいちゃんに数十回、小学校の給食を食べさせてあげられたことは、私たち夫婦にとっても大きな大きな喜びとなりました。

この法則がわかると、次に、その3項目を一つひとつ分解して、不安を不安でないものに代えていく必要がありました。これらの法則も、病院の先生に教えてもらったわけではなく、私がみいちゃんと接して勝手に感じ取ったものですが、間違いなくこの法則が、みいちゃんには当てはまっていました。

そんななか、私が最初に取り組もうとしたのは、「人」に対する挑戦と訓練でした。

これが一番わかりやすく、手立てがしやすかったからです。「人」に対して何をすれば良いか、それは簡単でした。とにかく家族以外の人に慣れること。何回も何回も同じことを繰り返すなかで、きっと家族がそうであったように、不安がなくなるのではないかと考えたのです。そしてそこには、みいちゃん自身のわくわくする好奇心が必要でした。

なぜ不安を取り除くために好奇心が必要なのか、わかりますか?

心の病に特効薬はありません。心の痛みを和らげる精神安定剤はありますが、みいちゃんに薬を投薬して症状を緩和することは、これまで避けてきました。人間が持つ「生きる力」というのは、もっともっと神秘的で奥が深いはず——と、みいちゃんの姿を見てものすごく感じていたからです。できるはずのないことができたとき、そこにはいつも「生きようとする力」が存在していました。そして、その力の源は、「楽しい。もっとやりたい。やってみたい」という、そんなシンプルな好奇心だったのです。こうした気持ちが芽生えたときに、生きる力は湧いてきます。

みいちゃんは、自宅以外の場所では、自分の体を自分の意思で操ることができなくなります。みいちゃんの脳がどうなっているのか私にはわかりませんが、小学校2年生の頃、リハビリセンターで検査を受けたことがあります。緘動《かんどう》の症状が出るとき、脳から「動け」という信号が出ているのかどうかを調べてもらったのです。

結果、みいちゃんは、脳から信号が出ていませんでした。数時間にわたり、「みいちゃん、これさわってみ。ほら、足動かしてみ」と周りの者が声をかけ続けます。でも、みいちゃんの脳は1ミリも信号を出しませんでした。信号さえ出ていれば、今の時代、それをキャッチしてロボットで体を動かすこともできるのです。

「ああ、そうなんだ……。これじゃあ、体が動くわけないよね」

私は当時、この現実を目の当たりにして相当なショックを受けたことを覚えています。みいちゃんの脳は、みいちゃんの意思通りに動かないのか、もしかしたらそれがみいちゃんの意思なのか、みいちゃんにも私にも、いまだにわかりません。

人間はとても難解な生き物です。でも、同時にひょっとすると、ものすごく単純な生き物でもあるのかもしれない、そう思いはじめています。それは、みいちゃんのことを見ていて少しずつ見えてきたことでした。みいちゃんがインスタグラムに初めて投稿したときのことや、ここには書いていない日々の小さな出来事のなかで、絶対にできないと思っていたことができたとき、そこにはいつもみいちゃんの笑顔があったのです。

この笑顔が、「好奇心」です。心の病は、心から。

好奇心は、すべての人間に与えられていますが、これがあるとき、私たち人間の内部ではものすごく大きなエネルギーが動きます。みいちゃんの不安を一つひとつ分解して対策を立てていく際、この「好奇心」によって、目に見えないエネルギーを生み出す必要があったのです。

好奇心＝エネルギー＝人間を動かすための電源です。

みいちゃんが、わくわくすること。
みいちゃんでも、できること。
たくさんの人と接すること。

まずは、そんな場面を作りだそうと思いました。そして思いついたのが「蒸しパン屋さん」でした。みいちゃんとの訓練は、「蒸しパン屋さん」からスタートしたのです。

材料を混ぜるだけで誰でも簡単にできる蒸しパンを、みいちゃんの好きなようにアレンジして、美味しい蒸しパンに仕上げ、それをマルシェで売ってみよう——そう考え、閉店したお弁当屋さんの厨房を借り、営業許可を取り、準備を始めました。


この頃から、みいちゃんは「蒸しパン」ではなく、自分の作ったお菓子を販売したいと心ひそかに思っていました。蒸しパン屋さんを経験し、目の前でたくさんの蒸しパンが売れていく様子を見ながら、みいちゃんは焼き菓子作りを勉強して、試作をし、いつか訪れるその日のためにと、商品化をこっそり考えていたのです。

◇「みいちゃんのお菓子」が初めて売れたとき

そして、何度かのマルシェでの販売経験を経て、みいちゃんが私に相談してきました。不登校が始まった、小学校４年生（２０１７年秋〜冬）のことです。

「ママ、みいちゃんもお菓子を販売したい。いい？」

「もちろん、いいよ。何を売るか考えて。値段もみいちゃんが考えるんやで」

「うん！」

みいちゃんは、とっても喜んでいました。それからは、まず試作が続き、いろいろなお菓子作りに挑戦しました。価格も決めていきました。販売用のＰＯＰもみいちゃんが自分で書きました。一つひとつ出来上がっていく自分のお菓子屋さんに、とてもわくわくしていました。

当時、蒸しパン屋さんを始めた目的は、みいちゃんがお店屋さんを通じて「人に慣れていくこと」でした。私にとっては、「好奇心」という大きなエネルギーの力で、人前でも、みいちゃんの体が動くようになってほしい、という願いもありました。販売当日までのみいちゃんの様子は、本当にびっくりするくらい好奇心に満ち溢れていて、私はこのチャンスを絶対に逃してはいけないと思っていました。座卓の上にお菓子を陳列し、価格の書かれたＰＯＰを置きます。みいちゃん自身が創った看板も並べました。

「お客さんが来たときには、こうするんやで」と、シミュレーションをしてみせました。

「いらっしゃいませ」

自分で作ったお菓子を初めて販売。ドキドキしながら、俯（うつむ）きがちに座る

「ありがとうございました」

袋詰め、電卓で計算をしてお釣りを渡す。

これらの一連の流れは、言葉を発すること以外、みいちゃんは自宅でできました。

「いらっしゃいませ」と「ありがとうございました」は、自宅でもどうしても言えませんでした。

そして当日、準備が整い、いよいよ販売スタートです。

「ママ、みいちゃんのお菓子、売れるかな」

みいちゃんは、お菓子の目の前に座り、ドキドキしていました。

私は、ここまでで今日は充分だと思いました。いつもであれば、テントの後ろのほうに座って、少し遠くから様子を見ているみいちゃんです。お店の中央に座っていること自体が、みいちゃんにとっては大きな成果でした。みいちゃんは、恥ずかしそうにずっと下を見ていました。お客さまの顔を見ることができません。でも、それで充分でした。

最初のお客さまが来ました。

「わあ、かわいい！」

お客さまが、「みいちゃんのいちご便」の中に入っていたパンダチョコを見てそう言いました。

「これ、この子が作ったんです。ぜひ、どうぞ」

「えー、お嬢ちゃんが作ったの？　すごいね。じゃあ、これ3本いただけるかな」

「ありがとうございます！　みいちゃん、3本取ってくれる？」

私は、少し意地悪をして、できないかもしれ

みいちゃんが作ったパンダチョコのかわいさが目を引く

ないけれど、みいちゃんにも仕事をさせようと、パンダチョコを取ってと指示しました。いつものみいちゃんであれば、ここで体が動くことは絶対にありません。

3秒くらい待つと、みいちゃんがスローモーションで、ゆっくりゆっくりとパンダチョコを取りました。

(あ、できた……! そう、その調子、頑張れみいちゃん)

心のなかでつぶやいていました。

「じゃ、みいちゃん、この袋に入れてあげて」

と袋を渡したのですが、そこまではできませんでした。

でも充分です。今日は、まずは商品を取ってもらうことをみいちゃんの仕事にしよう、そう思いました。欲張ってはダメです。一歩ずつ一歩ずつ、です。

少しすると、続いてお客さまがどんどん来てくれました。あれよあれよという間にみいちゃんのお菓子は売れていきました。

「みいちゃん、すごいね! いっぱい売れたね!」

「うん!」

みいちゃんは、ものすごくうれしかったのです。自分の作ったお菓子が目の前で売れていく様子、お客さまのその時その時の反応を肌で感じていました。みいちゃんのこれまでの人生では、こんな出来事は夢のまた夢。今まで、何もみんなに悪いことなどしていないのに、目の前で「この人、何にもせーへんし」「なんでしゃべらへんの」「何考えてるんかな」と言われる人生だったのです。

でも、そんな人生も終わりです。みいちゃんの存在を認めてくれるものに出会えたのですから。

それが「お菓子作り」です。

それからは、

「ママ、次いつ販売する？」

と、何度も聞いてくるようになりました。そして、そのたびに違うお菓子を試作しました。回数を重ねていくうちに、みいちゃんはもっともっと「みいちゃん流」にしたくなって、販売のセッティングも、

「みいちゃん、自分でするし。ママはせんといてや」

と言うようになりました。お菓子を置く場所、華やかに見せる飾りつけ、それらの配置の

イメージはみいちゃんの頭の中にすっかり出来上がっていたのです。

私が手伝ってお菓子をセットしようものなら、

「もう！　ここ違うし。全然あかんし。おんなじ色のお菓子を隣に置いたら、美味しそうに見えへんやろ」

と言われてしまう始末。

みいちゃんはこの頃から、色使いや全体の見た目のバランスをかなり意識するようになっていました。誰に教えてもらったわけでもなく、持って生まれた感性が花開きはじめたのです。

みいちゃんが、一人で仕上げたお菓子のセッティングは、それぞれはかわいくて、配置のバランスもとても良く、見た瞬間に「わあ、かわいい」と思わず声を上げてしまうほどの出来栄えでした。

その時、「みいちゃんってすごいな」と心の底から思ったのです。我が子であることを超えて一人の人間の個性として、心震えました。

みいちゃんが仕上げたお菓子のセッティング

これまでできないことばかりで、自慢できることは一つもなく、みんなと同じように普通に生きることさえできなくて、字を書くことも歩くことも、お話しすることもできなかったみいちゃん。

こんなに一生懸命に生きているのに……。

蟻地獄のように、あがけばあがくほど地上が遠くなるように感じた数年前。

このままでは終わらない、きっと地上に這い上がれる道があるはず。毎日そう思いながら、なんとか耐えてきました。いろいろなことが頭をよぎりました。

他人《ひと》は他人。

みいちゃんはみいちゃん。

他人と比べずに、みいちゃんは笑顔でいよう。

できることを、一つずつ、少しずつ増やしていこう。

そう思うようにして挑戦してきた「お菓子作り」と接客の訓練でした。

学校に行けなくてもいい。

勉強ができなくてもいい。

みいちゃんが笑顔で自分らしくいられるなら。


ただただ、それだけを支えに頑張ってきました。

でも、ようやく、将来への道が見えた気がしたのです。

◇すべてを任せてみる

それからは、すべてをみいちゃんに任せてみようと思いました。みいちゃんは、どこまでできるんだろう。正直、母親でもそれがわかりませんでした。急に見えてきたみいちゃんの才能と感性。


「レシピ通りではなくて自分の好きなように、自分の思うように作ってみ」

「販売するお菓子は、みいちゃんが決めて」

「値段も考えてや」

そう突き放すとみいちゃんは、スマホで必死にいろいろなことを調べていきました。

インスタグラムやYouTubeなどの動画を見て、自分のイメージを膨らませていき、みいちゃんの頭の中では「自分のお菓子屋さん」がどんどんリアルな姿になっていったのです。


「ママ、この材料買ってきて」

「○○と△△作る。包装はしてや」

「これは200円な」


みいちゃんとは、こんなやり取りをたびたびしていました。

役割を与えると、自分の居場所がさらに明確になり、以前よりもやりたいことに溢れ、毎日、「今日は何をしようか」「なんの準備をしようか」と考えるようになっていたのです。そんなみいちゃんの様子を見ていると、無理をして学校へ通い、意思のない人形のようになっている時間より、はるかに充実していると思えました。

◇ドキドキと不安と感動

かあくんは時々、マルシェを手伝ってくれました。私とみいちゃんとでお店を出すときは、私が接客をしてみいちゃんが助手です。みいちゃんはお菓子を取り袋詰めをします。でも、かあくんが参加してくれたある日、私はお店から離れて二人に任せることにしました。お客さまが来ると、みいちゃんからラインが入ります。

「ママ、お客さん来た！　選んではる」

「買ってくれはる。どうすんの？　お金どうするん」

なんだか緊張している様子がラインから伝わってきました。私はこっそり様子を見に、近くまで行きます。かあくんがいるので安心していましたが、みいちゃんは、かあくんがちゃんと接客をしてくれるのかも心配だったようです。

「ママ、来て！　お菓子買ってくれはるねん！」

「早く！　早く帰ってきて！」

私はちょっと意地悪をして、すぐ近くにいながら、

「じゃ、お金もらって、お釣りを渡してあげてよ。お菓子を渡すの忘れたらあかんで」

と返しました。できるわけがないのは承知のうえで、あえてそうしたのです。

かあくんが手伝いで参加してくれたマルシェ。子どもたちに任せることで、みいちゃんにとっては「お客さま対応」の最強の訓練となった

「えー、無理やし。無理、無理、無理、無理」

「早く帰ってきてーーーー！」

　すぐ近くで見ていた私は、かあくんがきちんと接客ができそうだったので、二人のところへ戻ることをやめました。かあくんは、お客さまに「ありがとうございました」も言えていたので、何も問題はなさそうでした。

「みいちゃん、お客さまには『ありがとうございました』って言わないとあかんで。お辞儀するだけもいいし」

　と伝えていましたが、最後まで、みいちゃんは声は出せないし、お辞儀をすることもできませんでした。見守っていた私の目に映るのは、ずっと下を向いてスマホで助けを求めているみいちゃんの姿ばかり。でも、これでまた一つ訓練ができたのです。いつまでも私に頼っていたらあかん、ということがわかったと思いますし、いつか自分でもお客さまの対応をしないといけないということもわかったはずです。

それからしばらくして戻ると、

「もうっ、おそいし！　早く帰ってきてよね。忙しかったんやから」

と、いかにもみいちゃんが接客をしたかのように怒られてしまいました（笑）。

みいちゃんからすると、この時の出来事は、声も出せず、お辞儀もできなかったけれど、心のなかでは充分、お客さまと対応していたのです。これは最強の訓練になりました。

お菓子作りと販売経験のステップアップ

◇失敗から得るもの

マルシェでの機会を重ねてきた、ある販売の日のことです。

みいちゃんはいつものようにお菓子の前に座ってお客さまを待っていました。

この日は、滋賀県ではよく知られているショッピングモールの中の1階での販売でした。人通りは多く、他にも何店舗か出店していました。みいちゃんは、いつものようにお菓子を作り、ネーミングを考え、かわいく包装し、価格のPOPを作ってその日に備えていました。当日は私だけでなく、かあくんもお手伝いをしてくれることになっていたので、店頭にはみいちゃんとかあくんが座りました。

でも、なぜかこの日は、みいちゃんのお店にお客さまがちっとも立ち寄りません。

終盤になってもたくさん残っているお菓子を見て、みいちゃんは少し悲しくなりました。

「なんで売れないのかなあ、こんなに美味しいのになあ」

みいちゃんは、陳列に問題があるのかもしれないと、時折、店頭のお菓子の配置を変えてみるなど、試行錯誤を重ねましたが、結果はあまり変わりませんでした。

「ママ、今日はなんで売れないのかなあ。みいちゃん一生懸命作ったのにな」

「みいちゃん、お店屋さんは、売れるときばっかりじゃないよ。一生懸命作ったからって売れるわけでもないんやで」

「そうか……」と、少し悲しそうでした。

これまでたまたま、運よくみいちゃんのお菓子屋さんはいつでも順調に売れていたのです。でも、だからこそ、みいちゃんには、どこかで失敗の経験も必要だと感じていました。私は、それがこの日になると思いました。販売をしていくなかでは、とても大事な経験です。

「みいちゃん、今日、なんで売れなかったのかをゆっくり考えてみよう。それが次の販売につながるからね」

と話しました。通常、子どもに言うような話題ではないかもしれませんが、みいちゃんはすぐに理解しました。

原因は、価格かな。ＰＯＰかな……。

お菓子の種類かな……。

みいちゃんは、自分のお店のお客さまになったつもりでお菓子の前に立ち、黙り込んで自分が並べたお菓子をじっと見ていました。

みいちゃんは小学校4年生で、

——お客さまに喜んでいただくためには何をすべきか——

これを身近に感じることができていました。のちにこの時の経験は、「みいちゃんのお菓子工房」で活かされていくことになるのです。

◇タルト作りに挑戦

販売経験を積むうちに、みいちゃんは焼き菓子だけでなく、生菓子も作りたくなってきました。ほとんどの焼き菓子は、すでに作れるようになっていましたし、この頃には焼き菓子のレパートリーは、１００を超えていました。そして、みいちゃんが選んだ次の挑戦は、タルトでした。当時のみいちゃんは、まだホールケーキを作るスキルは持っていませんでしたが、タルトは、クッキー生地、カスタードクリーム、ダマンド（アーモンドのクリーム）、フルーツ……と順番に仕上げていくので、焼き菓子がほぼ作れるようになったみいちゃんのステップアップとしては、間違っていません。なるほど、次はタルトね……と納得しました。

私は、お菓子作りは好きなものの、あくまで趣味の範囲です。みいちゃんに基礎を教えてあげることはできましたが、きちんと理論から教えられるほどではないため、この頃から、みいちゃんは、いよいよ独学で自分のスイーツを作るようになるのです。実際、私は聞かれてもわからないことが多く、

「みいちゃん、ママもわからんわ。調べてみ」

と返すことが多くなっていました。

ところがみいちゃんは、いきなりフルーツタルトをとてもかわいく作り上げたのです。色とりどりのフルーツがのっていて、その仕上がりと彩《いろど》りに私は、とても驚きました。フルーツを見栄えよく、彩り豊かに盛り付けることが、とても難しいことはなんとなくわかっていました。

「みいちゃん、このフルーツの盛り付け方、誰かに教えてもらったん？」

と聞いたほどです。当然、誰かに聞いたわけではありませんでしたが、自分でＳＮＳなどを見て、みんながどんな盛り付け方をしているのかを勉強していました。そしていきなり、

彩り豊かに盛り付けられたフルーツタルト

とっても素敵なフルーツタルトを作ってしまったのです。

ちょうどこの頃、私がSNSで始めた「場面緘黙症みいちゃんの日記」を読んでくださっている方が、みいちゃんが作るお菓子やタルトに非常に興味を持ってくれていました。そんななか、自然な流れで「みいちゃんのタルトが食べたい」と言ってくださる方が、一人、二人と出てきたのです。おもに私の知り合いや、みいちゃんの学校の友達つながりのお母様からのご注文でした。

みいちゃんもタルト作りがメキメキと上達していたので、みいちゃん自身、誰かに食べてもらいたいという気持ちが生まれていました。

みいちゃんに「タルトの注文が入ったよ！」と言うと、目を輝かせて「いつ？　どこに？

サイズは？　どんなフルーツがいい？」と質問攻めにされました。動揺する様子は全くなく、タルトの注文が入ったことが飛び上がるくらいにうれしかったようでした。

そうして、みいちゃんは自ら配達をするようになったのです。

タルト作りが最終目標ではなく、タルトを作って「自分で配達をしてお客さまに届ける」ことを経験するのは、みいちゃんにとって、これから先の社会参画への訓練になると思ったからです。「タルト」という存在がなかったら、人に対して極度の不安を覚えるみいちゃんが、自ら人に会いに行くようなことは絶対にありません。これは、とても貴重な機会だと私は感じていました。

みいちゃんは、自分が一生懸命作ったフルーツタルトを配達することには抵抗がありませんでした。これも奇跡です。「お菓子」がみいちゃんを変えはじめたのを感じました。

初めての配達日、フルーツタルトを箱に詰め、クーラーBOXに入れ、移動中に横転しないように膝

タルト配達時、クーラーボックスを膝の上に抱えながら疲れて寝てしまうみいちゃん

の上にしっかりと抱えてお届け先まで車で行きました。到着すると、みいちゃんは、自分でクーラーBOXからタルトを取り出し、玄関まで一緒についてくることができました。普段のみいちゃんからは、絶対に想像できない姿です。せいぜい車の中で待っている状態だったのですが、この時のみいちゃんは、玄関まで行き、自分でお渡しすることができたのです。

「わあ、ありがとう！　みんなで食べるね」

お客さまがみいちゃんにそう声をかけると、みいちゃんは、にこっと笑顔になりました。みいちゃんは、みいちゃんなりのスタイルで、タルトと顔の表情で、お客さまと充分にコミュニケーションが取れているように見えました。

もちろん、声が出せれば一番ですが、今はこれで充分。みいちゃんの想いは、タルトを通してしっかりと伝わっていました。

◇ケーキ作りの目標から「カフェ」開催へ

タルト作りを習得し、その後いろいろな種類のタルトを作れるようになりました。こうなると、みいちゃんの次なる目標が生まれます。生クリームのホールケーキでした。

みいちゃんは、――「ナッペ」がうまくなりたい――

と以前から宣言していました。ナッペとは、ホールケーキを生クリームでデコレーション

何度も何度も練習をした「ナッペ」

していくことです。これはかなり難しく、当時、4年生だったみいちゃんには、なかなかきれいに仕上げることができませんでした。みいちゃんは、何度も何度も自宅で練習していました。

「みいちゃん、これはまだまだへたっぴだな、もっと練習！」

「わかってるし。難しいねん」

手先が器用なみいちゃんでも、ナッペの習得にはけっこうな時間がかかりました。でも、回数をこなすうちに、明らかに上手になっていきました。ホールケーキは、このナッペのスキルで見た目の印象が大きく左右されます。みいちゃんが上手になるまで、一か月

何度も練習を重ね、徐々に「ナッペ」を習得。ナッペのスキルアップで仕上がりが美しくなったホールケーキ（小学５年生での制作）

程度だったでしょうか。

そして、自分でも上手にできるようになったと自覚したようで、続いてみいちゃんは、いろいろなショートケーキを作りはじめました。この頃にはもう、ホールケーキもショートケーキも、どこかの店頭のショーケースに並んでいても引けを取らないような仕上がりでした。この頑張りを誰かに見てもらえる機会はないだろうか、私はそう考えるようになっていました。

美味しそうなケーキ、みいちゃんのデザイン力、色彩感覚……、これらを活かすために次は何で訓練をしていけばいいのだろう?

そして、思いついたことがありました。

みいちゃんのお菓子作りは、まだ私のなかでは社会適用を目的とした訓練でした。そこで私が思いついた訓練は、みいちゃんの「スイーツカフェ」の開催です。当時、私は女性起業家支援のセミナーに参加していて、事務局は、自宅からすぐ近くの「男女共同参画センター」にありました。そこには、約40席ほどあるレストランホールと大きな使われていない厨房があったのです。

この空きレストランで、みいちゃんのスイーツを提供できないかなと思ったのです。


「みいちゃん、カフェやってみる?」

「カフェって何するの?」

「みいちゃんのケーキを食べてもらうん。ケーキセットよ」

「どんなケーキでもいいん?」

「みいちゃんの好きなようにやればいい」

「やる!」


こんなやり取りがあっただけで、ほぼ即決でスイーツカフェの開催は決まったのです。この時、みいちゃんは小学校5年生になっていました。すごく上手にケーキを作ってくれることはわかっていたので、私もそれほど抵抗なく事務局に、相談と提案ができました。ただ、「初めての厨房」ということに対しては、ここでまず慣れるための練習が必要だと思いながらの挑戦でした。

第7章

小さな夢
――素敵な大人が育ててあげる

「お店をもちたい」という夢が生まれる

◇みぃちゃんの原点

２０１９年４月。

スイーツカフェの開催日が決定し、みぃちゃんの新しい挑戦が始まります。

私は仕事が休みの日に、みぃちゃんと一緒に厨房に行き、場所を確認しました。

「ここでカフェするねん。ここで作って、冷蔵庫はこっち」

「お客さんは、どこ？」

「お客さんはこっち。お客さんからは、厨房は見えないしな。そこは安心して」

「うん」

厨房は広いのですが、お客さまが着席されるホール側からは完全に目隠しをされていました。つまり、訓練の最初のステップとしては最高の環境だったのです。そして実際にスイーツを作ってみましたが、みぃちゃんの動きは、自宅でのいつもの動きと変わりませんでした。

そんな様子を見て、ここならできる——、私はそう思ったのです。

それからは、みいちゃんと一緒にメニューを考えていきました。ちょうどタイミングよく、みいちゃんはこの時期に「チョコペンアート」を教えてもらう機会があり（詳細は２８９ページ）、カフェで「チョコペンアートをしたい」と言いました。

みいちゃんが思うように、したいように、カフェの準備は進んでいきました。

「お皿は白な。○○と△△を用意しといて」

みいちゃんは、経験したことのないスイーツカフェにもかかわらず、すでに頭の中にしっかりとイメージが出来上がっているようでした。


そして、初めてのスイーツカフェ開催日です。

一日限定のカフェの告知はＳＮＳのみでしたが、それなりにお客さまが来てくださいました。スタッフ含め、みいちゃんは初めての経験だったので、段取りがわからず、かなり苦戦しました。そんなスタートではあったのですが、みいちゃんが提供したケーキセットは、初めてカフェをするとは思えないほど、とても魅力的でかわいいものでした。私たちスタッフ自身が、当日に出来上がってきたそのかわいいケーキセットを見て驚いてしまったほどです。

スイーツカフェで提供されるケーキプレートと、準備をするみいちゃん

その日、みいちゃんは完璧でした。体の固まりが出ることは全くなく、終始、いきいきと作業していました。忙しいくらいがちょうどいい感じでした。カフェ終了後、開催中の様子をSNSにアップすると、多くの方が驚かれました。小学生が作るケーキには全く見えなかったからです。そして、肝心の味も、お客さまから、

「本当に美味しくて、とってもかわいい！」

とその場で高評価の声をたくさんもらっていたので、そうした声は、すぐに厨房のみいちゃんにも届けていました。

こうして「みいちゃんのスイーツカフェ」は、月1回、定期的に開催するようになり、その評判は口コミで驚くほどの速さで広まっていきました。

「小学生の作ったケーキが食べられるカフェがある。それが美味しすぎる」

「小学生が作ったとは思えないレベルのケーキかも」

「少しハンデのある子が訓練でやっているカフェがあるみたいだけれど、すごくかわいいケーキプレートを食べられるんだって」


そしてみいちゃんのスイーツカフェは、あれよあれよという間にお客さまが増えていったのです。9月には中日新聞と読売新聞に取り上げられたことで、県内はさることながら近畿圏からも多くのお客さまがいらっしゃるようになり、12時のオープンと同時に40席が埋まり、さらに次の開店を待つ列が外の廊下までのびていました。


いつも、私たちスタッフが悲鳴を上げるくらいの忙しさでした。

「すごいな……」と、スタッフ全員が思っていました。みいちゃんのすごさを身にしみて感じたのです。私自身、「みいちゃんってすごいんかな？　こんなにお客さまを集められるなんて……。やっぱりすごいよな！」と、目の前で繰り広げられる光景を見ながら当惑し、その状況を理解するまでにちょっと時間を要しました。こんなに大勢の方が遠方から1時間、

2時間かけてまで来てくださるということに、何が起こっているのか正直わからなかったのです。

掲載いただいた当時の新聞には、

「「天職」のパティシエ　夢へ一直線」

「ケーキで語る　私の言葉」

などの見出しとともに、不安症を抱えるみいちゃんが、不登校を経験しながらもケーキを作ることで自分の生きる道を自らの力で切り拓こうとしている姿の記事が掲載されました。

これまで小さなことを積み重ねて、少しずつ頑張ってきたことを、多くの方が知ってくださることになったのです。

カフェの盛況とみいちゃんのことが大勢の人に知られていくのは、うれしい反面、私には不安もありました。みいちゃんのことを応援してくださる方々が急に増えたのだと理解はできたものの、みいちゃんのケーキ自体がどう評価されているのかはすぐにはわからなかったからです。

みいちゃんがケーキ（スイーツ）で社会へ出ていけるとすれば、ケーキ自体の評価も高くなければなりません。そこを見極めるのに、数か月を要しました。

カフェ開催を重ねるたびに、リピーター客が増えていきました。そして、お客さまからの声はとても温かく、みいちゃんのケーキに心から満足してくれていることが伝わってきます。

「とっても美味しかった」
「友達を連れて、また絶対に来ます！」
「とってもかわいいスイーツに心打たれました」
「ケーキプレートがすごくかわいい」

お客さまが何を求めて「みいちゃんのスイーツカフェ」に来店されているのかを知るために会場に設置したアンケートは、毎回、回収箱からはみ出すほどいっぱいになっていました。そこには、みいちゃんへの応援メッセージやケーキの感想、次に作ってほしいケーキのリクエストなどが溢れるほどに書かれていました。

お客さまの声を聞く限りでは、みいちゃんのケーキセットの評価は文句なしにとても良く、私は、みいちゃんは、この道であればこの社会で生きていけるかもしれない、そんなふうに思うようになったのです。

◇みぃちゃんの発信「いつかお店をもちたいです」

ちょうどその頃から、みぃちゃんはインスタグラムで自分の想いを発信するようになりました。スイーツカフェが盛況だったため少しだけ自信をつけたみぃちゃんは、鼻高になるのではなく、子どもらしく謙虚に、ＳＮＳという場を借りて自分の想いを発信していたのです。

「いつか自分のお店をもちたいです」

ある日、みぃちゃんのプロフィールにそう書き加えられていました。

私がそれに気づいたのは、書かれてから数日後のようです。この時は、みぃちゃんはその想いを私には直接伝えませんでした。

私は「言霊《ことだま》」は本当にあると信じていて、夢を言葉にすることはとても大事なことだと思っています。多くの大人はその勇気が出せずに自分の夢を言葉（言霊）にすることなく、自分の心のなかにしまっておくことが多いかもしれません。そして、夢は実現せずに終わっていくことがほとんどではないでしょうか。「大人になって年甲斐もなく……」といった恥ずかしさのあまり、夢を人前で語れなくなっていることもあると思います。現に私がそうでした。

でも、言葉にすることは、誰かに自分の夢を知ってもらうこと、自分の夢が誰かの目に留まるということです。そうすることで、自然と運を呼び込んでいくのです。すると、夢を実現するために必要なものが不思議と集まってきます。夢を発信したみいちゃんのところには、人や物や想いが集まってきたのだと思います。

自宅以外では何もできず、誰からも評価されなかったみいちゃんが、自分の夢を自分の心のなかだけに留めることなく、こうしてSNSで「言霊」として発信したことに私は、大きな衝撃を受けました。これまでのみいちゃんでは考えられなかったことだからです。むしろ自分の想いを人に伝えることは極端に嫌がるみいちゃんだったからです。みいちゃんの心のなかが大きく変わっていることに気づきはじめました。

「いつか自分のお店をもちたい」

ここには深い意味が含まれていることに、私はすぐ気がつきました。みいちゃんはすでに自己肯定感を強く持っていたので、自分のことがよくわかっているのです。

それは、自分には「居場所が必要だ」というメッセージでした。

パティシエになりたいです。

ケーキ屋さんで働きたいです。

お菓子作りをもっと勉強したいです。


みいちゃんの発信はこうしたことではありません。

それらを飛び越して、「お店をもちたい」です。

それは、ケーキ屋さんでなくてもいいのです。自分が本当の自分でいられる「居場所がほしい」ということなのだと直感でわかりました。


そして、この頃からみいちゃんは、自宅から30分ほど離れたケーキ屋さんの「アラメゾン」に、頻繁に「行きたい」と言うようになりました。

「アラメゾン」の店主との出会いは、蒸しパン屋さんを始めた頃に遡ります。蒸しパン屋さんとしてマルシェでみいちゃんと出店していたとき、2つほど離れたブースに「アラメゾン」さんも出店されていました。みいちゃんは、「アラメゾン」さんの美味しそうなお菓子たちが気になって気になって仕方なく、「買いたい」と言うので、ご来店のお客さまがいらっしゃらない時間にお店を空けて、一緒にお菓子を買いに行ったのです。店主の方にご挨拶をして、みいちゃんが普通には話せないことを説明したのち、ケーキ作りの勉強を始めていることなどを立ち話しました。

そしてマルシェでの出会いから数か月後、ちょうど、みいちゃんがケーキ作りに目覚めた頃だったので、「いろいろなケーキ屋さん巡りに誘って、見て視覚から勉強しよう!」とみいちゃんをよくケーキ屋さんに行っていたのですが、「アラメゾン」さんの店舗にも、みいちゃんとケーキと焼き菓子を買いに出掛けました。ここまでは、なんでもない親子の普通のお買い物です。

ところがその後もみいちゃんは、週末になると「アラメゾンさんに行きたい」と言うのです。さすがに毎回は無理でしたが、時間が取れたときに時々、お店にケーキを買いに行くことを繰り返していました。

しかしこの時、私が全く気づかなかった「視覚からの情報収集」をみいちゃん自身がしていたのです。

アラメゾンさんへケーキを買いに行くと、店主は優しく、

「みいちゃん、よく来てくれたね」

と、みいちゃんに挨拶をしてくれます。みいちゃんは、話せず目も合わせられませんが、

表情に少し笑みが出るくらいの変化が見られます。ケーキを選ぶときも指を差すだけで、言葉は出ません。

そんなある日、私は突然気がつきました。

なぜ、みいちゃんが「アラメゾンさん」にいつも「行きたい」と言うのか。

ケーキが美味しいのはもちろんなのですが、みいちゃんは「自分の理想の居場所」を、アラメゾンさんというお店との出会いによって数か月も前に見つけていたのです。

これまでみいちゃんとケーキを買いに行くお店は、とても大きなショーケースのある店舗がほとんどで、従業員も多く、厨房にはパティシエが何人もいました。でも、アラメゾンさんは店主一人でケーキ屋さんを切り盛りしているお店だったのです。

出会いや経験は、人を確実に成長させます。どこにそのヒントが転がっているかなんてわかりません。数か月前にマルシェで出会ってから店主と仲良くさせていただいたこと、すべてがつながっていたのだと気がつきました。

みいちゃんは、早くからアラメゾンさんのようなケーキ屋さんを頭に思い描いていたのです。一人でできる小さなお店。実際にみいちゃんにその後、「みいちゃんはどんなお店にしたいの？」と聞いたのですが、「小さなかわいいお店」と答えました。

「アラメゾンさんみたいな？」とさらに聞くと、「うん」とはっきりうなずきました。

みいちゃんはずっと、自分の居場所を求めていて、アラメゾンさんにケーキを買いに行くたびに、「自分の夢をいつか叶えたい」という想いがどんどん強くなっていったんだろうと思います。

「みいちゃんもいつか、アラメゾンさんみたいなお店がもてたらいいな」

そんなみいちゃんの小さな夢は、普通の子の夢よりもずっと強い想いがあったでしょう。その場所がないと、自分が自由になれないのですから。

でも、そんなことがすぐに叶うとはさすがに子どもでも思っていないはずで、私に直接言うのは控えて、SNSでこっそり秘めたる想い、いえ、じつはみいちゃんにとって、とてつもなく強い想いを発信したのです。実際その頃には、みいちゃんはスイーツカフェにより、開店前に60名ほどのお客さまが並んでくださるお店の価値を12歳にしてすでに作り上げていたのです。つまりその夢に対して誰も抵抗する者はなく、皆が応援してくれました。

私は、「いつか叶うといいね」とみいちゃんに話していました。

その時は、本当に私のなかで「いつかね」くらいにしか思っていなかったからです。

みいちゃんは、そんな「いつか」でも、私が「叶うといいね」と話したときには、とてもうれしそうに、

「うん！」

とうなずきました。

そんなみいちゃんを見ながら、「早く夢を叶えてあげられるといいな」と心から思っていたのです。

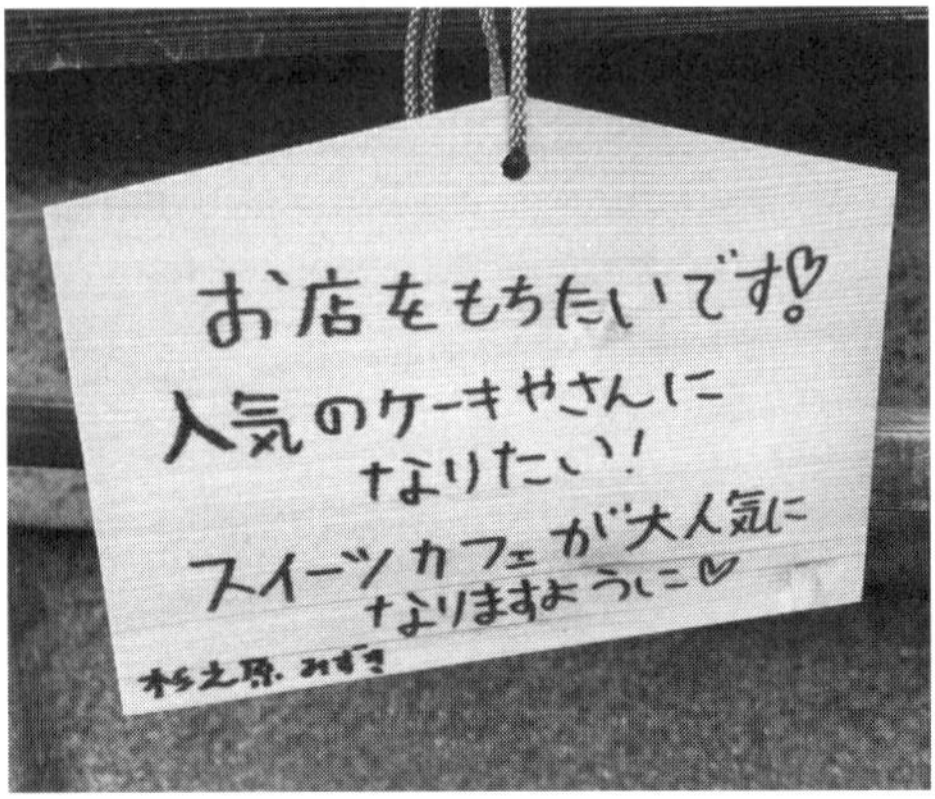

みいちゃんが書いた願掛けの絵馬（2019年６月頃）

◇本当に必要なものは何か

それからのみいちゃんは、神社に行ったときなど絵馬への願掛けで、そう神さまにお願いするようになりました。毎月のスイーツカフェでお客さまが増えていくなか、みいちゃんの想いはどんどん強くなっていったと思います。

それは、保育園の頃にひらがなで書いた、――大人になったら、なりたいお仕事――というレベルのものではありませんでした。スイーツカフェは、回を重ねるごとに来場客が増え、県内だけなく県外からのお客さまも急激に増えていました。12歳で見事

スイーツカフェ満席の様子と取材を受けるお客さま

に実績を積み上げていたのです。

本当にみいちゃんは、よく頑張っていました。スイーツを季節に応じたものに変え、毎回テーマを決めてお客さまに喜んでもらえるチョコペンアートで仕上げていました。すごく時間をかけてスイーツを考え、スイーツが決まったらそこからレシピを考え、自宅で試作をし、本番前日に男女共同参画センターの厨房でケーキを準備していきました。考えなければならないことや作る量がたくさんあり、相当な時間がかかりました。経験のない小学校6年生の女の子が普通にやれるものではないはずなのです。それを淡々と見事にやってしまうみいちゃんを、毎回すごいなと思って見ていました。これは、不登校により考える時間が急にできたみいちゃんの環境の変

スイーツは季節に合わせ、カフェ開催ごとにテーマを決める。季節のスイーツプレート・夏（上）と秋（下）

化によるものが大きかったと思います。

そして、私はある決断をするのです。

本当に必要なものは何か。

私は、状況を頭で整理していました。目の前で起こっているすべての出来事を、みいちゃんの「年齢」という縛りを除去し、パーツにして並べてみます。今、みいちゃんに足りないものは何なのか。必要なものは何なのか。パーツを並べると、それは簡単に見えてきました。

必要なものは、みいちゃんが自由にケーキを作れる空間、そして作ったお菓子を販売していくための営業許可を取得した「厨房環境」です。つまり、今の状況では「居場所がない」ということでした。

2019年8月、私は確信しました。仮にそこに年齢（義務教育期間）という問題を含めて考えたとしても、一番重要で一番先に取り組まないといけないこと、それは、みいちゃんの夢である「小さなお店」という居場所を用意することです。誰が見ても明確でした。いいえ、実際は、これ以外にみいちゃんが社会参画できる手段は見つからない。この道でしか、みいちゃんは社会に出ていけない。そんな状況だったのかもしれません。

華やかな世界を想像して計画していったわけではなく、そこに意地でもしがみつかなければみいちゃんの将来はない。そんな切迫した想いのほうが強かったのです。

私は、労働基準監督署、教育委員会、起業コンサルタント、就労相談など、ありとあらゆる機関を1か月で走り回りました。そして、今すぐ、本当に今すぐ、みいちゃんに「居場所」を与えてあげたい。いろいろな機関を回って私は、そんなふうに思うようになっていました。こうして、15歳まで待たずに12歳でケーキ屋さんを始める手段を見つけます。家族が経営する自営業の「お手伝い」という立ち位置で、社会適用訓練としてスタートする道が拓けたのです。

当初は、義務教育期間中に仕事をさせるなんて言語道断。親として失格だ。そんなふうに思っていました。でも、現在進行形で絶賛成長中のみいちゃんを前に、義務教育を終えるまで、「あと3年待つ」なんて絶対にできない、そんなことをしたら才能をつぶすだけ、ということが日に日にはっきりとわかってきました。何かいい方法はないものかと、知恵が浮かばぬまま労働基準監督署へ相談に行ったのです。事情を説明すると、奥からぶあつい「労働基準法」というものを出してきて、小さい字を読み上げてくださり……（難しすぎる、聞いてもわからへんと思いつつ、相談を持ちかけた身としては阻止することもできずに右の耳から左の耳へとそれらの文言は流れていきました）。

そして、こう説明されたのです。

「お伺《うかが》いしたご事情による親子関係に労働の対価は発生しません。自営業のご家庭のお子様が、家のお手伝いをするのと同じです」

目からウロコでした。

「ああ、そうか！　自分もちっちゃい頃、おばあちゃんのお豆腐屋さんを手伝ってた。リヤカー引いて、ピーポーってラッパ鳴らして、お豆腐を売りに歩いて。終わったらおばあちゃんから『はい、今日のお小遣い』って５００円もらってすごくうれしかった。そうか、そういう環境さえあれば、子どものうちから社会経験を積むことができるのか。今すぐ私が事業を始めればいいんだ！」

一気に思考が回転し、道が見えると同時に、今すぐにでも動きたくなりました。

私がオーナーになることで、夢の実現へ向けた課題はそれほど難しいことなく解決することができたのです。

「15歳まで待たなくてもいい」

年齢を待つ必要はもうありませんでした。


以前、ニュースで子どもの心臓移植に寄付を募り、海外で手術をして日本に帰国する家族を見たことがありました。親は、子どものためなら必死になれる。それは、どこの国でも一緒なのだと思います。

みいちゃんの不安症には、特効薬はありませんでした。体がスムーズに動いて、声が出せるようになる魔法の薬なんてどこにも見当たりません。でも、スイーツカフェをやってみて、みいちゃん自身の心のわくわくが、時に不安症を乗り越えることがあるのを目にしてきました。特効薬のない心の病は、心をわくわくさせることが、すごく効力のある特効薬になることに私は気づきはじめていました。

もし、我が子が心臓移植で余命宣告を乗り越え、生きられるようになるなら。

もし、我が子の病気がその特効薬で治るなら。

もし、我が子の難病が、治る可能性がある手段を見つけたとしたら。

あなたは、それを見過ごせますか？　親なら、その可能性に賭けてあげたいに決まっています。

「みいちゃんのお菓子工房」という居場所が、みいちゃんの不安症を少しでも改善させる特効薬になるのであれば、やらない理由のほうが見つかりません。

今やらずに、いつやるというのか。

年齢なんか全く関係ない。

今すぐにでも「居場所」を作ってあげたい。

もうこの道しかない。

この道を広げてあげよう、そう私は思ったのです。

他人《ひと》からどう言われようとそんなことはどうでもよかったし、全く気になりませんでした。これまで、本当に苦労してきたみいちゃんを少しでも楽にさせてあげたい――こんな想いが日に日に止めようもなく大きくなり、優先順位の一番になっていました。

私はすぐに主人に相談しました。主人もこれまでみいちゃんのスイーツカフェのスタッフに入ってくれていたこともあり、説明せずとも居場所が必要であることを理解してくれました。夫婦で即決でした。

そして、3社ほどお店の建築を受けてくれそうな工務店に相談しました。小学生の娘のためにケーキ屋さんを建てるという、どう考えても「親バカ」な相談を口に出すことの恥ずかしさなど一切なかったのですから、親は強しです。

「みいちゃんの夢を叶えてあげたいんです。予算は限られています。これで可能でしょうか」

居場所を作るために出せる費用を提示し、具体的に話を進めるスタートを切ったのです。

みいちゃんが小学校6年生の夏でした。

一つひとつ、経験値を上げていく

◇みぃちゃんのインプットとアウトプット

スイーツカフェを始める少し前、みぃちゃんは大阪にある放課後デイサービスに2か月に1回程度、通っていました。そこは、たまたま私がクラウドファンディングで見つけた新たに創業する就労支援事業所でした。本物のシェフがハンディのある子どもたちを受け入れ、いろいろな調理体験ができるプロの現場だったのです。魅力的なその活動を知り、当時は素直に応援がしたくてクラウドファンディングで支援しました。その頃は、みぃちゃんがこの施設に通うことになるなど、これっぽっちも想像していませんでした。

クラウドファンディングの応援から1年くらいが経った頃、みぃちゃんがスイーツに目覚めたことをきっかけに、ふと思い出したのです。そういえば、大阪の放課後デイサービスで、プロからお料理やお菓子作りを習える施設ができたんだった……。

大阪の「ル・クッカー」という放課後デイサービスは、これからスイーツで自分の居場所を作りだそうとしているみぃちゃんにとって魅力的な事業所だったので、みぃちゃんと相談をして、遠いけれど少し通ってみることにしました。

放課後にその施設に行くと、まずプロの料理人のユニフォームに着替えます。すっかりその気になる子どもたちは、そのユニフォーム姿で、お料理やお菓子作りを習います。みいちゃんも参加しましたが、不安で体が動なくなる「緘動《かんどう》」の症状が出るため、一緒に作業はできません。支援者やお友達が交代でみいちゃんの腕を持ち、作業を自分の手でできるように、ぶらんぶらんの腕を支えて、材料を混ぜるなどの体験をさせてくれます。

「ル・クッカー」での様子。視覚からお菓子作りの技術を習得するみいちゃん（手前）

一見、何もしていないように見えるみいちゃんの姿ですが、そこでの視覚、聴覚、嗅覚からの吸収力は、じつは半端なものではないのです。じっとひたすら、表情も変えずに前を見つめるみいちゃん。腕を支えてもらうだけの作業ですが、その時みいちゃんは、目の前の映像を脳で動画撮影しています。その映像は、あとでみいちゃんの心が安らぐ環境（空間）になると脳の中で再生され、自分のものにしていきます。

これまでの学校の授業も同じような方法で勉強してきました。みいちゃんが何かを習得するときは、いつも「緘動」の状態で脳が動画撮影したものを、不安がない環境になってから脳で再生して記憶していきます。みいちゃんは、この方法で幼少期から物事を習得してきたため、きっと普通の人とは違う脳の使い方をしているのでしょう。

「ル・クッカー」では、学校と同じ状態になりました。大好きなお菓子作りの勉強でも容赦なく「緘動」の症状は出ます。他人が見ると、そんな様子のみいちゃんが何かを吸収しているなどとは到底思えないと思います。

でも、じつはこの何もしておらず何も感じていないように見えるみいちゃんの動画撮影の時間は、みいちゃんなりに、その時に働く「自分の五感」をすべて使い、フル回転で吸収しているのです。

実際にその後「緘動」の状態から解き放たれ、自分が安らぐ環境で、体で覚えたことを一つひとつ再現していきます。みいちゃんは、「ル・クッカー」で教えてもらったクッキーを自宅で作ります。「ル・クッカー」の授業では、全く体が動かず、聞いているのかどうかもわからない虚ろな時間のように見えるのですが、決して無駄にはなっていません。みいちゃんにとっては、その時間はとても刺激のある時間でした。

そんなみいちゃんの生き方は、他人には簡単に理解できないかもしれません。でも家族だけは、みいちゃんが「緘動」から解放される瞬間、その環境を知っているので、みいちゃんがどんなふうに物事を吸収していくのかが手に取るようにわかるのです。

みいちゃんは、インプットしたものは、ほとんどアウトプットしていきます。だからわかりやすいのです。みいちゃんの成果は、「お菓子」でした。すぐに目に見える形にしてくれます。

◇チョコペンアートとの出会い

そうして、みいちゃんに大好きなお菓子の勉強をする機会を2か月に一度作ってあげました。私は仕事を休み、2か月ごとにみいちゃんと大阪に出かけました。これは、みいちゃんのルーティンワークになり、毎回、楽しみにしていました。

「ル・クッカー」では、不定期でイベントの開催がありました。ある日、チョコレートアーティスト・澤田明男さんのチョコペンアートイベントがあることを教えていただき、みいちゃんと参加したのです。素晴らしいチョコペンアートのデモンストレーションを目にしてわくわくしました。これはもう、スイーツではなくアートでした。芸術作品です。

みいちゃんもきっと同じように感じたはずです。そして、実際にお皿の上に自分でチョコ

スイーツカフェで練習を重ねて身につけたチョコペンアートで想いを表現

ペンで模様を描いていきました。みいちゃんは、当然できません。チョコペンを持つこともできませんので、その時も腕はぶらんぶらんの状態でした。私は、みいちゃんの腕を持って、チョコペンでお皿の上に模様を描きました。たまたまチョコを使っているけれど、まるでお絵描きのようでした。その場では、みいちゃんは何もできなかったのですが、場の空気は存分に感じていました。それは、その数か月後、みいちゃんのスイーツカフェの舞台で、思う存分発揮されていくのです。

あの時のたった1回のチョコペンアートイベントで得たもの、それは、みいちゃんという小さなパティシエの才能の表現力を高めてくれるものでした。スイーツカフェで「チョコペンアートをしたい」と言ってきたのは、間違いなくあの時のたった1回のイベント参加から得た成果なのです。

◇「経験」と「体験」

みいちゃんのような少し感受性の強い子は、きっと世の中にはいっぱい存在していると思います。そういう子が、幼少期の発育時期に出会う「経験」や「体験」は、のちに大きな武器になることがあります。

「チョコペンアート」もその一つになりました。こうした出会いがいつなのか、なんなのかは、本人にも家族にもわかりません。だからこそ、子どもには小学校卒業までにたくさんの経験をさせてあげてほしいと思います。そして、もう一つ。経験だけではなく、体験をさせることがとても重要です。ここでいう「体験」とは、過去の経験を活かせる場、活かせる環境のことで、そうした場を作ってあげてほしいのです。

経験と体験が揃ったとき、初めて子どもは一つの成長をすると私は信じています。その成長がのちにどうつながっていくのか、その結果どうなるのかなどは全く問題ではありません。ただ、経験値を上げることの大切さを私はみいちゃんを見て感じてきました。

天才少年、少女と呼ばれる子どもたちは、だいたい12~15歳くらいかと思います。スポーツ選手の例がわかりやすいかもしれませんが、将棋や囲碁、計算力や記憶力など、いろいろな分野でびっくりするような才能を持った子どもたちがしばしばいるのです。

その子たちは、生まれたときから天才だったのでしょうか。おそらく違うはずです。小さいときからの経験と体験を、人よりもたくさん重ねているだけなのではないでしょうか。スポーツの世界では、親が有名なスポーツ選手である場合も多いと思います。すると、必然的に親が我が子に、自分自身がしているスポーツで経験と体験の場を与える回数が、他の子よりはるかに多くなります。

みいちゃんの場合は、こうした才能をスイーツで発揮しましたが、私がスイーツ業界のプロだったわけではありません。みいちゃんに経験の場を与えてあげたことと、それを発揮する場（環境）を「マルシェ」や「スイーツカフェ」という実践の場として与えたことが他の子と違うだけなのです。いきなりプロ並みのことをさせたのですが、みいちゃんは自分の経験を形にしていきました。失敗の連続でもいいのです。失敗を何回も経験すると、次は必ず前回を超えていきます。反省と挑戦の連続です。

私は世の中に「天才」が存在するのではなく、それは「努力の成果」なのだと思っています。子どものうちにたくさん経験を積めることは、失敗できる良さがあります。みいちゃんの話でいえば、ケーキの形が少し崩れてしまったら、「ごめんなさい。少し形が悪くなりました」と素直にお詫びすることで許してもらえる年齢でした。そこに邪念はありません。

一生懸命に想いを込めて作ったけれども、プロ並みの見栄えにならなかったとき、純粋に一生懸命であればあるほど、子どもでも悔しさが残ります。その反動が、前回を超える自分へとつながっていくのです。子どもは大人よりも柔軟です。

だからこそ私は、小学生という大事な時期にいっぱいプロの現場を知ってほしいと思い、社会貢献として、みいちゃんのお菓子工房の場を、地域の子どもたちの社会経験の場となるよう提供してきました。

スイーツカフェを始めて、小学生のみいちゃんがいきなりパティシエとして場を乗り切ってしまう状況を目の当たりにし、私のなかでは「これはみいちゃんだけの現象なのか？」「他の小学生にも同じ環境を与えてあげたらどうなるんだろうか？」という問いが生まれていました。

その問いの結果を見てみたくなった私は、2019年8月からみいちゃんのスイーツカフェで、ある試みを始めたのです。小学生をホールスタッフとして募集し、以降、「自分探しをサポートする会」という団体を立ち上げ、お仕事体験の事業をみいちゃんのスイーツ提供の環境を借りて実践してきました。

幾度かの実践を経て私の出した結論は、みいちゃんだけでなく、じつは「子どもは大人より働ける可能性がある」ということです。最初は失敗の連続ですが、子どもたちはものすごく努力することができるのです。「楽しくて悔しくて、絶対にあきらめない〝努力する力〟」が子どもにはあり、それが経験できる場を提供してあげることが、その子が天才と呼ばれるようになる近道なのだと思いました。

みぃちゃんも、もちろん天才ではありません。みぃちゃん自身の努力があって今がある、それだけのことなのです。

子育てにも
アンラーニングが必要

◇日本の教育制度の限界

人としてこの世に生まれて、初めて自分に将来の夢ができたときのことを思い出せますか？　純粋な心を持った子どもの頃、その夢は、給料が高いか安いか、休日が多いか少ないか、そんなことなど全く関係なく、自分が大人になってその仕事をしている姿を想像し、わくわくしていたのではないかと思います。

しかし心からその仕事をやってみたいと思ったその時に、その夢を育てることは、現在の日本の教育制度のもとではできません。義務教育を経てからでないと、その夢にたどり着きにくいシステムになっているのです。実際にみいちゃんが、「お菓子のことを勉強したい」と小学4年生の頃に言ってきたとき、私は一《いち》か八《ばち》か製菓の専門学校に相談しました。事情を説明して、「まだ小学生だけれど、そちらの専門学校に通うことはできないでしょうか」と。

返事は想像通り、「中学校を卒業してからしか入学できません」でした。

当たり前です。期待していませんでしたが、やはりがっかりはしました。熱い想いを持った子どもが、1段ずつの階段でしか成長していけず、飛び越えることができないのが日本の教育制度です。そしてその熱い想いは、思春期に入り受験生となり、好きでもない勉強をがむしゃらにしていくうちに、次第に薄れていってしまう気がします。子どもの頃の夢が夢ではなくなり、成績で評価されることに喜びを感じたりもします。良い成績をとって褒められることで満足してしまうのです。

受験生は、自分が本当にしたいこと、将来の夢がない子のほうが多いのかもしれません。将来の夢はなく、ただ勉強しているだけ。自分が何になりたいかが見つけられないままに、どこかの学校に合格するためだけに勉強している、そんな状態です。

でも、思い出してください。小さいの頃の自分には、将来なりたい夢があったはずです。本来、その熱い想いがあるまさにその時にこそ、大きな大きなチャンスがあるはずなのです。そのチャンスを自分のものにしているか否か――この違いが、10代での天才少年、少女が生まれる理由だと私は思っています。

いいえ、天才と言うべきではありません。10代にしての「ものすごい努力家」です。

◇義務教育の縛りから解放されるとき

世の中の当たり前の一つ。それは、義務教育期間中は学校に行って勉強をしないといけないということです。

勉強しないといけないというよりも、勉強しないと社会から大きく取り残されて、評価されない人間になってしまうのです。

でも、本当にそうでしょうか。世の中には学校という集団生活に適合しない人たちも多く存在しています。時代の流れで、学校に行かない不登校児が年々、増えてきていますし、ひょっとしたらこれは人間の進化なのかもしれないと私は最近思うのです。あたかも学習機能を搭載したＡＩのように。


日本では、長い間、15歳まではみんなで一緒に勉強をして、社会に出ていく準備をしてきました。これはこれで、とても素晴らしい社会の仕組みです。

でも、そこに適合しない人たちの比率が増えてきたとすれば、これは不登校という形の社会に対する子どものクーデターだと考えることもできます。これまでの長い年月を経て、子どもたちの成長し続ける細胞が、もはや日本の教育制度にはまらなくなって、暴れているのではないでしょうか。

子どもを生んでから、私は子どもたちに「不登校」ということを教えた記憶はありません。それでも我が子三人とも、見事に「不登校児」になってくれました。教えてもいない

「不登校」「学校に行かない選択」を自分の意思で実行してしまうのですから、これは私からすると、「すごい個性の持ち主かも」と期待する部分さえあるのです。

もちろん、我が子が学校に行かなくなったとき、初めからいきなりそんなふうに思う親は一人もいないと思います。

ただ、間違っているかもしれませんが、これは三人の子どもの親としての経験から今、私がそう信じ、そう思うようにしていることなのです。「磨けば輝くダイヤモンドの原石」なのかもしれない。そう思うだけで、子どもたちへの愛情が一つずつ増え、穏やかに接することができるからです。

◇みぃちゃんを支えた大人たち

これまでほとんど登場していなかったみいちゃんのパパ。読者のなかには、不思議に思われた方もいるかもしれません。パパは、間違いなくみいちゃんを支えた大人の一人です。じつは、パパは私以上にみいちゃんの理解者だと思っています。

パパは、みいちゃんが小学1年生のときに突然「障がい者」になりました。人工透析が必要となり、「身体障害者手帳」を取得しました。みいちゃんが小学校入学後の夏のことでした。当時、みいちゃんの様子が激変した小学校生活のなかで、これからのこと、2年生進級にあたっての支援体制に向けて、私は学校や病院、役所などの関係各所を走り回っていました。それと同時に家族のなかでは、大黒柱であるみいちゃんのパパが、しばらく就労できない時期があったのです。

その頃、私はもう、なるようになった事態にどうすることもできず、みいちゃんとパパの心を支えることしかできませんでした。健常者として何の問題もなくバリバリ働いている人生において、急に自分が「障がい者」になってしまうということ。その心の痛みはパパ本人にしかわかりません。

そんなパパは、学校でのみいちゃんの変貌した様子を見て将来を心配しながら、みいちゃんの心の痛みが障がい者となった自分と重なって、なんとかして支えてやる——当時からそんな気持ちに溢れていました。みいちゃんがスイーツカフェでデビューしたときも、ホールの主担当として注文から配膳まで手伝ってくれ、マルシェで蒸しパン屋さんを始めたときも、みいちゃんと二人で一緒に、厨房で蒸しパンの製造をしてくれていたのです。

私は、みいちゃんのことを支える「母親」として存在し、みいちゃんのお菓子工房の「オーナー」として存在していますが、パパは、どちらかというとみいちゃん側に位置していて、みいちゃんと一緒に伴走してきた感じなのです。こんなパパだったので、私が「みいちゃんのためにお店を建ててあげたい」と相談したときにも何のためらいもなく、「やるなら早いほうがいい」という即決の返事をくれました。みいちゃんを支えることのできた大人として、パパと私がいたことは、間違いなく大きな力だったと思います。

もしみいちゃんが、パパと私がいる杉之原家を選ばずに生まれてきたとしたら、みいちゃんの人生は、全く違うものになっていたかもしれません。

そしてもう一人、今もみいちゃんの心の拠り所になっている大人がいます。おばあちゃんです。みいちゃんが家族以外と話せる唯一の大人です。おばあちゃんもまた、みいちゃんのことを心から心配してくれていて、私たち両親が仕事に出ている間、みいちゃんのお世話をしてくれました。みいちゃんは学校から帰ると、おばあちゃんに学校の様子をいっぱい話していました。私には言わないことも、おばあちゃんには話していました。お菓子作りが大好きなことも、おばあちゃんには自分の想いをずっと伝えていたのです。

パパと私とおばあちゃんで、みいちゃんを日々支え、さらに学校の先生、建築家……という素敵な大人たちの集合体により、一人の女の子の夢を導くことができたのです。何人もの大人が寄り添い、支え合い、世の中の常識を疑うことで、真っ白な世界観を通して物事を判断した結果でした。そして、これこそがアンラーニングだったのです。

これから先のＡＩ時代と対峙するとき、子育てにおいても、アンラーニングということがとても大切なスキルになってくるのではないかと思います。

みいちゃんを身近で支えた私たち大人は、自然な形でこのアンラーニングができていました。なぜでしょうか。今思えば、この概念にたどり着けたのは、それまでの人生において、窮地に追い込まれたり、とことん辛い思いをしたからかもしれません。

「小学生がお店を持つ」

そんな非常識な考えであっても、「やるべきだ」と言える大人が、この日本にどれだけ存在するでしょうか。でも、私たち大人がこうした考え方ができるかどうかが、ＡＩ時代に生き残れる子どもを導くカギとなるのだと思います。

◇素敵な大人たちへ

個性を抑え込み、学校という集団生活のなかで凸凹《でこぼこ》せず、みんなと協調する。出しゃばり過ぎず、目立ち過ぎず、みんなと同じことをする。それが窮屈でしんどくて仕方がないとき、「学校に行かない選択」を自然な流れでする子どもたちは、ひょっとしたら、とんでもない個性や能力を持っている可能性が高いのかもしれないと私は考えています。そして、それはこれからの時代を支えていく若者が一つ成長した証でもあり、本来、歓迎されるべき子どもたちのクーデターだと思うようにしているのです。

ただ、このクーデターの本当の意味、つまり「自分は何ができるのか、自分はどうすればいいのか」を見つけることは、子どもたちの年齢では、そう簡単ではないということも事実でしょう。

そこに、数年先のビジョンが見えている素敵な大人がどう関わるかで、その子の人生は大きく変わる気がします。そんな素敵な大人にどうやったら出会えるのか。それは運命でもあり、その子が持つ人脈ともいえるかもしれません。

みいちゃんは、その個性ある生き方に、たまたま素敵な大人たちを引き寄せることができたのだと思います。

子どもたちが、大人が作り上げたこの社会の当たり前から飛び出そうとしているとき、私たち大人はどれだけのことをしてあげられるのか。自分はそのとき、素敵な大人になれるのか。一瞬でもそんなふうに考えていただけるなら、きっとあなたはもう、子どもたちの小さな夢を育ててあげることができる素敵な大人です。

Tea Time

みいちゃんのママ's Voice

不登校は、子どもたちの細胞の開花?!

みいちゃんが不登校になったとき、体が動かない不自由な世界（学校）に「監禁」されていたのちに、そこからの解放によって「自由」を手に入れた。

同じような状況が、日本中の子どもたちに起こっているとすれば、親からも先生からも逃げるには、「不登校」しかない。子どもには、理屈で大人を論破させる力はまだないから、一世一代、人生での意を決し、自らの行動で大人たちが作った日本社会の教育制度へのクーデターを起こしているんだとしたら？

それは、子どもたち自身の細胞が、今こそ、見えない形で開花したものだと思う。でもこれって、私たち大人の考え方を変えないと見えてこない世界観。ここに必要な視点が「子育てのアンラーニング」なのだろう。

不登校児を持つご両親へ

辛いです。学校に行かない我が子がずっと家にいるということ……。でも、我慢です。それは、決して負の始まりではなく、我が子の開花時期が早くも訪れただけ。その開花の芽がどう伸びてどこで花を咲かせるのか、感度を高くして見守ってあげてください。未来は明るい！

第8章

みいちゃんのお菓子工房
――小学6年生の店長兼パティシエ誕生！

練り上げられた「お菓子工房」の設計

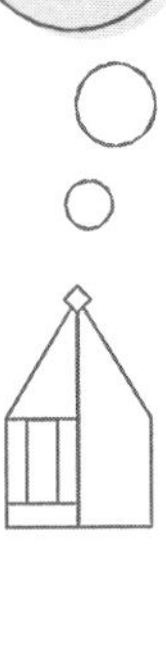

◇三角屋根のお菓子工房プラン

工房を建てる大きな目的は、みぃちゃんの将来につながる自立訓練をすること。「社会適用訓練*注」のための居場所作りとして動きだしました。ここで生きる力をつけ、社会に出ていけるように、との思いからでした。

みぃちゃんのための居場所を作ってあげようと決心してからは、何もかもが、とてつもなく速く進んでいきました。実際、小学生のみぃちゃんのためにお店を建ててあげようと決めてから、4か月で工房が完成しているのですから、このスピードには自分でも驚きです。

第7章で触れたように、まず地元（滋賀県）の工務店数社に相談をしました。予算の上限、みぃちゃんの特性、工房の厨房とお客さまがいらっしゃるホールとの距離感など、悩んでいることをすべてお話ししました。

他にも決めるべきことがいくつもあり、当時は、とにかく時間があれば走り回っていたように思います。昼間は勤務時間なので、私が動けるのは夜と土・日曜日しかありません。寝る間も惜しんで、みいちゃんの夢を叶えてあげることに必死でした。

そして、数社からデザイン案が出てきました。みいちゃんは、そのなかから今の三角屋根の工房を即決で選んだのです。その決断は、ほんとに一瞬、数秒という速さでした。

みいちゃんが即決した理由は、模型にありました。平面の設計図だけでなく、その一社のみは、三角屋根にデザインされた工房の模型をくださったのです。みいちゃんの夢がリアルな形になっていました。それを見たみいちゃんの目は輝いていました。そして、模型を指し、ものすごくうれしそうに私に言ったのです。

「これがいい」

それからは、毎日毎日、みいちゃんとお菓子工房の話をずっとしていました。

「オープンしたらどんなお菓子作る?」

「ショーケースはこんなんがいいかな?」

「隣のおばあちゃんちにすぐに行けるから、裏口はこの辺がいいよね?」

みいちゃんは、そんな私からの質問に、いつも満面の笑みで答えてくれました。あの頃の時間をもう一度巻き戻せるなら……、あの時描いていたこれから先の夢を、未来をずっと見ていたい。今でもそう思うほど、幸せな時間が流れていました。自分たちで、そして親子で作るわくわくを目一杯感じた時間でした。

みいちゃんは、人が変わったかのように輝いていました。やりたいことに溢れていました。

工房の形が決まり、建築は先述の通り、模型を作ってくださった滋賀のアルツデザインオフィスの水本純央さんにお願いすることになります。そして、一番悩んでいた厨房とホールの仕切りをどうするかは、水本さんが「透明の磨《す》りガラス」を提案してくれました。また、お客さまの声が作業をしているみいちゃんにも聞こえるように吹き抜けにし、お客さまがいらっしゃるホールとみいちゃんのいる厨房は、ガラス１枚で仕切られた同じ空間になっていました。限られた狭い敷地だということもあり、窓が多く、圧迫感のない開放的な工房であることが小さい模型からも充分にイメージできました。

その「透明の磨りガラス」はほどよい透け感で、厨房からはお客さまの気配が感じられ、お客さまからも厨房のみぃちゃんの様子がわかります。ちょうどよい感じの気配がお互いに感じられる空間となることが想像できました。

壁でなく、磨りガラスで進めよう。

そう決めました。ここは、じつはみぃちゃんには相談していなかった部分で、私がこれまでのみぃちゃんの様子を見てきたなかでの、母親としてのチャレンジでもありました。工房にいるだけで人に慣れる訓練になる。そう思い、私の一存で決めたのです。

みぃちゃんの特性は、幸いにも必ずしも一生背負うものではなく、どこかで改善の余地があるといわれている症状でした。この先、いつかみぃちゃんが、話せない、動けないという不安症を克服できるときがくるとすれば、厨房とホールの仕切りは壁ではないほうが絶対に良いはずなのです。

ここに至るまでには、当然ながら、膨大なシチュエーションでの家族訓練を経て作り上げた、母親による「みぃちゃんカルテ」が存在します。それらの経験とみぃちゃん自身が持つ原動力、秘めた将来の可能性を想像しながら、工房という「居場所」の実現に向けて動いた結果なのです。

何もないところから、いきなり、みいちゃんの「居場所」である工房を生み出したわけではありません。そういう意味では、誰もが「居場所」を作れば、一足飛びに症状が改善するというものではないはずです。みいちゃんの特性をしっかりと把握し、どのような状況になればどうなるのか、逆にどのような環境に置かれると、どこがどう伸び成長するのか、そんな気の遠くなるような実証実験を何度も繰り返したことが、「みいちゃんカルテ」として蓄積され、情報の「宝の山」になっていました。これを使わない手はない――自然とそう思うようになった気がします。ある意味、工房の建築は、「みいちゃんが生きる道を見つけるための冒険」だったわけです。

だからこそ、工房のカタチ（設計）は目先の夢の実現だけでなく、数十年先のみいちゃんの姿を想像しながら、みいちゃんが、いつか不安（を極度に感じる症状）を克服したときにも柔軟に環境を変えていけるよう、そうした状況に応じて、みいちゃんの能力がいつでも最大限発揮できる空間にすることが重要でした。これが、みいちゃんの親として、持続可能な我が子のための「将来にかける夢」だったのです。工房という建物と共存しながら、自分の「居場所」をみいちゃん自身が、自らの成長とともに作り上げていく。そんな、私たち親の夢をも同時に実現させてくれるかもしれない――この工房には、こうした大きな可能性を感じていました。

そんな工房は、一見、みいちゃんらしい「かわいいケーキ屋さん」という印象でした。でも、プロが見ればその工房（＝建築）が持つ奥深い意味はすぐにわかるものだと思います。変貌していく持ち主を柔軟に包み込める可能性のある建築。その背景を知れば知るほど、一つひとつの設計に意味があり、理解できるのです。そして、そこが見えたからこそ、第三者がこの工房を評価してくれました。

２０２０年「グッドデザイン賞」金賞受賞

これは、みいちゃんの工房を建築したアルツデザインオフィスの水本さんが受賞された賞ですが、ここでまた新たに、これまでにないプロの世界の大人たちにみいちゃんの存在を広く知ってもらうことになりました。

＊注　社会適用訓練
この言葉は、みいちゃんの特性に対して私が使っていたというだけの呼称です。

みいちゃんが、人・物・場所に慣れるには、過去の経験でいうと3年はかかります。とくに人に関しては、かなりの時間を要します。そうした背景から、仮に15歳で社会に出るとなると、その3年前からよく似た環境を作りだし、不安時に出る体の固まり「緘動」を緩和させる必要がありました。緘動が出たりコミュニケーションが取れないために人より習得に時間がかかるならば、人より早くに始めて時間をかけることでそれを補ってあげれば、きっとみんなと同じように15歳で社会参画へのスタートが切れるのではないか。こう考えたのが訓練の目的でした。このことを、私はみいちゃんの「社会適用訓練」と呼んでいたのです。

◇みぃちゃんの秘密の「居場所」

そんな練りに練られた工房の設計には、しっかりみいちゃんが逃げられるわずかな空間がありました。厨房の奥に逃げたいときには、お客さまの視線から逃れることができる空間が設けられています。

このことは、じつは工房をオープンするときまで全く気がつきませんでした。

工房を稼働しはじめて3か月ほど経った頃、みいちゃんが厨房の中で少し考えたいことがあるとき（ケーキの仕上げを考えるときや材料を計算するとき）は、いつも同じ位置にいることに気がついたのです。

それは冷蔵庫の前の角でした。いつもここに入り込んでいます。そこは、いつの間にかみいちゃんの定位置となり、考え事をするときには、常にここに逃げ込むようになったのです。そして、そこは人から覗かれることのない、空気も動かないような静寂の空間でした。

全く気にしていなかったのですが、なんでみいちゃんがいつもここにいるのかなと思い、ある日、みいちゃんがいない厨房で、自分もそこに立ってみました。すると、そこから見える景色から、すぐに納得ができました。

そういうことだったのか――。うなずけました。そこは、みいちゃんの「居場所」（＝厨房）の、さらに上をいく上級の居場所だったのです。誰の目からも隠れることのできる秘密の空間です。お客さまからの視線に疲れたときに逃げられる場所であり、お客さまから見ると、みいちゃんが全く見えない場所でした。完全な死角になっていたのです。

結果的にこのわずかな秘密の空間のおかげで、みいちゃんは磨りガラスの前に立てるのだと思いました。

みいちゃんは自立（自律）できるかもしれない

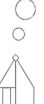

◇工房への通勤

工房は、みいちゃんの将来の自立[*注]への道を描いた冒険でした。そんななか、もう一つ悩んだことは、工房をどこに建てるかでした。自宅の敷地内には、建《けん》ぺい率（敷地内で家を建てられる面積の割合。都市計画により用途地域ごとに上限が決められている）の問題から工房が建てられません。この先の長い将来を考えたとき、みいちゃんが「自分で通える」範囲で建築することが必須条件でした。

みいちゃんは先々、車の運転ができるようになるかどうかわかりません。そもそも免許の取得には高いハードルがあります。教習所で知らない指導員と二人で乗車して、運転の練習をすること自体が今のみいちゃんにできるとは思えないからです。まず体が固まってしまうのでハンドルを握れず、アクセルも踏めないでしょう。家族と一緒のときは、自転車に乗ってサイクリングすることはできますが、これも他人がいると乗れません。

誤解のないようにお伝えしておくと、じつは、みいちゃんは運動神経が良いのです。自転車の操作ができないとか、車を運転する技術が身につかないということでは全くありません。密室、とくに車の中は外の風を感じることのない閉鎖された狭く小さな空間です。そこに自分と他人だけが存在する時間。こんな環境下では、みいちゃんの緘動《かんどう》が出てしまうということは、家族には言わずともわかるみいちゃんの「あるある」でした。

でも、そんなみいちゃんでも、長い時間をかけた訓練の結果、唯一、自分一人で歩いていけるようになった場所があります。

おばあちゃんの家です。

自宅から歩いて2分程度という近さのおばあちゃんちです。最初はこの距離でさえ一人では歩いていけませんでした。何度も何度も練習をし、最後は放り出すような感じで、

「ママ、会社行かないといけないから、おばあちゃんちには一人で歩いていって！　家のカギかけるよ！」

と、バタバタと玄関先でドアを閉めて、みいちゃんを半強制的に家の外に出しました。

最初、みいちゃんは渋っていました。

「えー、みいちゃん一人でおばあちゃんちに行くの？」

「ママ行けへんねん。電車の時間があるし、ごめん！」

「えー。じゃ、見といてな。ここから絶対に見といてや、絶対やからな、ママ、絶対やで」

みいちゃんは、私の視線があることで、不安が少しだけ解消されるのです。

みいちゃんは、玄関から恐る恐るおばあちゃんの家へ向かって歩いていきました。2歩歩いては後ろを振り返り、玄関先で私が見ていることを確認しながら、不安そうに1歩ずつ1歩ずつ、おばあちゃんちまで歩いていきます。

そして、カーブを曲がるとみいちゃんの姿は私の視界から消えました。そこからおばあちゃんの家までは、歩いて1分ほどです。

じつは、電車に乗り遅れるから一人で行って、というのは嘘です。私が仕組んだ「みいちゃんの冒険」ともいえる計画でした。

これから先に起こり得るさまざまなことを考えたとき、みいちゃんが一人でおばあちゃんの家まで歩いていけるようになることで、できることが大幅に増えるからです。そして家族の負担もかなり減ることが予想できました。だから、なんとしてもおばあちゃんの家までは一人で行けるようになってほしかったのです。

数分後、おばあちゃん（義母）に電話を入れました。

おばあちゃんから、無事に家に着いたとの報告を受けました。みいちゃんは、あの後、一人でおばあちゃんの家まで行けたのです。3年生の春頃でした。

奇跡でした。それは、高い高いハードルを越えたことを意味していました。

ただ一つだけ、おばあちゃんの家へ行くとき、みいちゃんにも譲れない約束事がありました。みいちゃんは頑《かたく》なに、おばあちゃんの家に行くとき、「出る時間」を決めていたのです。


「もうそろそろ、おばあちゃんちに行きや」

「うん……、7時50分になったら行く」


こんなふうに、必ず時間の指定があるのです。それは、何回か時間を決めずにおばあちゃんの家まで歩いていった経験から生まれた、みいちゃんの約束事になりました。その時間が一番、人通りの少ない時間帯だったようなのです。これは、何回かみいちゃんの様子を見ているなかで、みいちゃん自身がぽろっとつぶやいたひと言でわかったことでした。

「今は、人がいっぱいいるから……ムリ」

なるほど、みいちゃんが時間にこだわるのはそういう理由だったのかと腑に落ちました。

何も気にしないで出てしまうと、ちょうど子どもたちの通学時間と重なることがあったのでしょう。みいちゃんは、歩いているところを誰かに見られることなく、一人でこっそりとおばあちゃんちに行きたかったのです。

みいちゃんが自分一人で歩いていける範囲は、自宅からおばあちゃんの家までの空間に限定されていました。じつは当時、偶然にもこの範囲内にある別の建物のテナント出店に関する話がありました。

私はすぐにみいちゃんに相談し、あそこでお店をやらないかという話があることを伝えました。そして、その場所を教えました。

「自宅からすぐ近くの、あのお店の中の場所」

しかし、みいちゃんからは、

「絶対、ムリ」

と、あっさり言われてしまいます。人が集まりやすい場所だったので、やはりみいちゃんにはハードルが高かったようです。その後、

「お店は、おじいちゃんとおばあちゃんちのとこがいい」

みいちゃんが、ぽつりと私に言いました。

これがみいちゃんの精一杯でした。

正直、もうその場所しか、みいちゃんが自分一人の力で歩いていける場所がなかったということも事実ですが、みいちゃん自らが、自分の力で通える場所を発信したということは、自分自身がそれを認めたということなので、この時点で、工房の場所は決定したようなものでした。

もちろん、敷地内に工房を建てられるかどうか、義理の祖父母に相談しました。小学生でお店を持つことがどんなに非常識なことかわかっていながら、勇気を出して話してみたのです。

おじいちゃんとおばあちゃんは、すぐ近所で暮らしていたこともあり、孫のみいちゃんの様子は幼い頃からずっと見てくれていました。今のみいちゃんにはお菓子を作る場所が必要なことは、説明しなくともわかっていました。みいちゃんの才能に触れてからは、将来、ケーキ屋さんで自立ができるといいなと心から思ってくれてもいました。

なので、常識はずれなことを言う嫁だと思われることを覚悟しながらも、思い切って、みいちゃんの想いも含めて、まずは相談したのです。すると、自分たちの庭にみいちゃんの工房を建てることを心から喜んで応援してくれました。

こうして、家族みんなでみいちゃんの夢を応援することになり、みいちゃんの将来の自立へ向けて本当の一歩を踏み出すことになったのです。

＊注　自立と自律
「自立」とは、経済的にも身体的にも他人の力を借りずに自分の力だけで行動できるようになること。「自律」とは、自分の価値観や理念に基づいて、自分で判断して行動すること。みいちゃんの場合は、「お菓子工房」という居場所を経て、数年先の未来にパティシエとして、経済的にも身体的にも独り立ちをしてほしいという願いを込めて、この本では「自立」と表現しています。

◇家族にとっての夢物語

工房を祖父母宅の庭に建てることが決まったその数年前のことです。みいちゃんは、親の送迎、家族の支援がなければ外出もできない状態でした。そして、この先もそういう生活が十数年と続くだろうと家族は覚悟していました。

みいちゃんの症状は、誰かしら介助者がいればいいというものではありません。家族でないとみいちゃん自身が安心できず、体の自由が利かなくなるという現実がありました。それは、お金でも解決できない終わりの見えない介護の始まりでした。私たち家族が抱えるであろう将来の不安は大きく、じつのところ、相当な暗闇だったのです。

だからこそかもしれませんが、家族全員でみいちゃんをサポートするということは、自然とみんなが同じ認識でいました。あえて家族間で話し合いをしたことなどはありませんでしたが、そう思ってくれていました。

実際、外出先では、サポートをしないとみいちゃんがみいちゃんらしくいられないシーンが山のようにあったからです。そんななかでの工房建設は、家族にとってもターニングポイントになる出来事でした。


みいちゃんの工房をおじいちゃんとおばあちゃんちの庭に建てる。

みいちゃんは毎日、そこに一人で歩いていって、ケーキを作る。

工房をみいちゃんの将来の居場所とする。


これは、これまで家族にのしかかっていた重たい不安が一瞬にして希望へ変わったことを意味しました。

ひょっとしたら……。もしかして……。

みいちゃんが、自立できるかもしれない。

みいちゃんは、本物のケーキ屋さんになって、私たち家族のサポートがなくても自分で通勤し、社会に出られるかもしれない。

みいちゃんのお菓子工房の実現は、みいちゃんだけでなく、みいちゃんファミリーにとっても、何かが変わるかもしれない――そんな気にさせてくれる、一筋の光が差し込んだ夢物語だったのです。

◇一気に計画変更

これらの計画は、最初、みいちゃんが小学校を卒業し、中学1年生になってからプレオープンさせる予定で進めていました。それまでは工房は「製造場所」としてのみ機能させ、本格的にケーキ屋さんとしてお店をスタートさせるのは、さらにその数年後、落ち着いてからと考えていました。

一方、動き出した計画は、厨房の設備が決まり、よりリアルな設計がどんどん出来上がっていきました。ショーケースの設置場所も決まり、その図面を見る限りでは、製造場所というよりは、まさしく「かわいいケーキ屋さん」といった雰囲気になっていました。

壁ができ、屋根ができ、毎日、変化していく工房の姿に、みいちゃんはうれしくてうれしくてたまらないようでした。夜になって大工さんがいなくなると、かあくんを誘って工房をこっそり見にいき、「今日はここまでできてた」と家族で報告し合いっこをしていました。

自分の夢が叶う。

そんなわくわくは、年齢なんて関係ありません。小学校6年生のみいちゃんにとって、もう毎日が楽しくて楽しくて、考えることもいっぱいある様子でした。

工房ができたら、

「あれ作りたい」

「これも作りたい」

……と、そんな楽しいことばかり、お話ししてくれていました。

工房の細部の設計が完成し、建設も進み、小さな模型が実物大に変わっていくある日、みいちゃんがこう言いました。ショーケースが入ったときのことです。

「ケーキ、ここで売らないの？」

ここまでくれば、工房でケーキを売らない選択肢はもはやありません。

私はみいちゃんに相談しました。

「工房の完成と同時に、ここでケーキ、売ってみようか？」

「うん！」

目を輝かせてうなずくみいちゃんに、「そうだよね。そりゃ、そうだよね」と妙に納得した記憶があります。


そして一気に計画変更です。工房の完成直後から、この場所をケーキ屋さんとしてオープンさせようと決めました。みいちゃんも「そうしたい」と言ったので、悩むことは何もありません。

そして、せっかくならクリスマスに間に合わせたい。そう思うようになりました。

もし工房の完成が間に合えば、クリスマスケーキを作ってお店で販売したい。

どんどんみいちゃんの夢が現実に近づいていきます。

アルツデザインオフィスさんにも、計画変更を伝え、クリスマスまでになんとか竣工を間に合わせてほしいとお願いしました。

お菓子工房の完成とプレオープンの舞台裏

◇みいちゃんへのクリスマスプレゼント

クリスマスに間に合わせるように工事を進めていただき、みいちゃんに最高のクリスマスプレゼントをしたい――日に日に私は、そう考えるようになっていました。

２０１９年12月16日。

ついに、みいちゃんの夢のお菓子工房が完成しました。みいちゃんが小学校6年生のクリスマス前です。

私は、みいちゃんが大好きなキャラクターのキーホルダーに工房の鍵をつけて、みいちゃんにプレゼントしました。

「なくさないようにね。これからは、いつでも行っていいから」

「もう使っていいの？」

完成直後、初めての工房で磨りガラス越しに作業をするみいちゃん

「うん、いつでも使っていいよ」

「クリスマスケーキ作る?」

「作る!」


この頃には、みいちゃんのケーキを食べたいと言ってくださるお客さまがすでに何人も存在しました。スイーツカフェのご来店者さま、みいちゃんのインスタグラムをフォローいただいたお客さま、私のSNS発信を見てくださっているお客さまたちです。

こうした事実と向きあい、みいちゃんの想いを汲みとって、2019年のクリスマスにパティシエとしてデビューしようと準備を進めました。

工房のお披露目前にSNSの発信で、クリスマスケーキを数台ご用意することを告知したところ、即、予約で完売になりました。この時まで非公開で進めていた「みいちゃんのお菓子工房」の建設と完成。私有地での小さな工房建設のプロジェクトは、私たち家族以外、知らない状況でしたので、クリスマスケーキのご予約をいただいたお客さまへのサプライズでした。

2019年のクリスマス。

真新しいショーケースに、みいちゃんが作ったケーキが初めて並びました。クリスマスの大きなホールケーキです。

ケーキご予約者の皆さんには、お引き取りの直前にご案内しました。これまではこちらから配達をしていたのですが、クリスマスケーキは「お引き取りをお願いします」と伝えました。お客さまからしたら、初めての引き取り依頼ですし、案内されているその住所は、全く見当もつかない場所だったと思います。みいちゃんのケーキを引き取りに行ったら、そこには、みいちゃんの夢のお城が完成していた！　そんな特別なサプライズを目論《もくろ》んだのですから。

「えっ、ここが、みいちゃんのケーキ屋さんなの？　すごい！　すごい！　かわいい！」

小学6年生のみいちゃんが本当にケーキ屋さんを始めます。

その時、お店に来られたお客さまは、あまりに世間とかけ離れた、目の前に突如現れた工房とケーキに頭の整理が追いつかなかったかもしれません。ただその驚きは、何かを始める「年齢」という壁に対するものであり、みいちゃんはこれを壊しただけにすぎないのです。年齢以外のみいちゃんの修業の日々やケーキにかける想いは大人に引けを取らないものでした。


みいちゃんにとっても、お客さまにとっても、私たちにとっても、あの日のクリスマスは、忘れられない温かい記憶として今も心に刻まれています。

◇プレオープン決定（2020年1月26日）

こうして2019年のクリスマスは、みいちゃんのケーキを初めて工房で売るという、一大イベントとともに、慌ただしく過ぎ去りました。

そしてその頃には、私たちはケーキ屋さんとしてのプレオープンの日を決めていました。

先述した通り、当初はみいちゃんが中学生になってからプレオープンしようと思っていました。さすがに小学生のパティシエが、ケーキ屋さんを始めたとなれば、世間が黙っていないと思っていたからです。

「小学生を働かせるなんて、子どもに何をさせているのか」

そんな声が絶対に出る、声が大きくなって非難の嵐になるかもしれないという懸念があったのです。

でも、もうこの頃には、みいちゃんのスイーツカフェは、地元で人気となっていたこともあり、みいちゃんがパティシエとして修業をしていくことに反対する声はあまり聞こえてきませんでした。

工房が完成しているのに、中学生になるまでオープンを先送りする理由は全くなくなっていたのです。


みいちゃんの特性、例えば人に慣れるのに何年もかかること、経験が力になること……、そんな数え切れないいろいろな背景を総合的に考えた結果、みいちゃんの今持っているやる気を無駄に止めることには何の意味もないと思いました。

こうして、みいちゃんのお菓子工房を、２０２０年1月26日の日曜日に、５坪のかわいいケーキ屋さんとして、プレオープンすることに決めたのです。

小学6年生パティシエのいるケーキ屋さんの誕生――でした。当然、世間がザワつきました。でもその頃から、私のなかで「あれ？　おかしいな」と思う現象が起きていたのです。子どもを小学生から働かせることに賛同してくれる人なんか一人もいないだろうと私たちは思っていました。ところが、6年生でプレオープンすることが決まってからも、たくさんの方から応援メッセージをいただき、本当に多くの方に温かいお声をかけていただいたのです。

「みいちゃん、頑張って！」
「ケーキ食べに行くからね！」

みいちゃんへの応援メッセージだけでなく、家族にもたくさんの応援メッセージが全国から届くようになりました。

みいちゃんのことを理解してくれる人がいて、自分のことのように喜んでくれる人がいる。そんな現象を日々目にするなかで、私は、人と人とのつながりの大切さを、今まで以上に身に染みて感じていました。そしてこの頃、私はずっと考えていました。

こんなに多くの方が賛同してくれる、その理由、共通点は何なんだろうと。

私が出した一つの答えは「子どもの成長を見守る親の心情」でした。これは、子を持つ親にとって共通の課題かつ、永遠の課題なのだと思います。それは、孫ができても同じで、「孫の成長を見守るおじいちゃん、おばあちゃんの心情」だということです。

これはあくまで私が想像した共通点にすぎませんが、みいちゃんの生き方、みいちゃんを支える私たち家族のサポートの在り方が、その心情（心）のどこかに引っかかり、我が事のように感じてくださったのかもしれない。

コミュニケーションが取れなくて、外では体も固まってしまうみいちゃんの「ケーキ屋さんとして自立」は、みいちゃんだけでなく、応援してくれている皆さまの希望にもなっているのかもしれない――私は、想像以上に多くの方からの温かい応援の声を受け取ったことで、そんなふうに思うようになっていました。

◇プレオープンへのこだわり

２０２０年1月26日、この日を「みいちゃんのお菓子工房」プレオープンの日とすると同時に、その3年後、２０２３年の春にグランドオープンしようと決めました。

プレオープン期間が3年もあります。ここは、みいちゃんがまだまだ世間の皆さまにパテ

ィシエとして認めてもらうには早すぎるので、この3年間で修業をさせてほしいという意味を込めて設定しました

修業というのは、ケーキ作りだけの話ではありません。みいちゃんの場合は、人に慣れるという修業のほうがむしろ必要でした。幸い、アルツデザインオフィスの水本さんが設計された工房は、厨房に立つだけで訓練になるデザインになっていましたので、毎回、お店をオープンするたびに人に慣れる訓練ができたのです。

工房の磨りガラス越しに、お客さまがみいちゃんに挨拶をしてくれたり、みいちゃんもまた、お客さまがお店の前に並ばれている様子が厨房から見えるので、常にお客さまを感じながらケーキ屋さんを運営することができました。

みいちゃんは小学生でお店を持つことになりましたが、まだ未成年には違いありません。15歳にもなっていなかったので、アルバイトもできません。15歳までは、私がオーナーの「自営業を手伝う子ども」という立場でスタートさせました。そうしたいろいろな背景もあり、プレオープン期間を15歳までとしたのです。その後、社会的にも仕事ができるようになるので、そこでけじめとしてグランドオープンをする計画で進めようと決めていました。

プレオープン期間は、失敗をして成長する期間として、お客さまには温かく見守っていただき、みいちゃんの成長を一緒に感じていただけたらありがたいなという深い想いがあった

のです。

◇家族の力

みいちゃんのお菓子工房をプレオープンにまで導けたのには、家族の協力が不可欠でした。とくに同い年で、みいちゃんの双子のお兄ちゃんのかあくんは、この一大プロジェクトを自分のことのように喜んでくれて、前述のように、工房の建築が進み形になってきた頃から、夜になるとみいちゃんと一緒に懐中電灯を持って工房探索に行っていました。

「ここが厨房?」
「ここがショーケース?」

かあくんが一つひとつ、みいちゃんに場所を確認し、みいちゃんがそれに答えることで、プレオープンのシミュレーションを何度も何度もしてくれていたのです。

本来、兄妹《きょうだい》や双子は、生活のなかで、親の取り合いや妬《ねた》みが出たりしがちです。実際、今でも周りからは、みいちゃんとかあくんについて、そのような心配をされることも多いのです。

　みいちゃんが有名になればなるほど、かあくんは大丈夫か、という心配の声をかけていただくことが増えていきました。私たち家族は、三人の子どものなかでみいちゃんだけを特別扱いして子育てしているわけではありませんでしたが、やはり世間一般に、そうした心配は抱かれると思います。

　でも、そんな周りからの心配をよそに、かあくんとみいちゃんの関係はなんの問題もありませんでした。かあくんは小さい頃から、誰よりも妹のみいちゃんをかわいがっていましたし、それはみいちゃんの才能が開きはじめてからも、同じだったと思います。親の私たちよりも一緒に過ごす時間が長かったことと、学校と自宅でのみいちゃんの変貌ぶりを、誰よりも近くで見てきたのがかあくんだったからです。

　学校では、みいちゃんの想いを想像で代弁したり、友達にみいちゃんのことを教えてあげたり……、かあくんは、それが自然にできました。だからこそ、みいちゃんの頑張りを自分のことのように喜んでくれていたのです。

　そして、パパはみいちゃんの一番の理解者です。ここに至るまでの困難、スイーツカフェで家族みんなでみいちゃんを支え、人気のカフェになるまでのすべてのプロセスを一緒に歩んできたのです。

また、長女であるお姉ちゃんも大きな支えとなっていました。我が家の女子チームのリーダーのような存在です。小さい頃から自宅でみいちゃんと一緒にお菓子作りをしていました、みいちゃんが小学生のときは、たまたまお姉ちゃんが製菓の学校に通っていたので、みいちゃんと一緒にお姉ちゃんの学校を見学しに行ったりもしていたのです。やはり、同性ならではのサポートがあります。お姉ちゃんもまた、工房のプレオープン決定以降、要所要所で大切な役割を担ってくれていました。

こうして杉之原家、家族全員の応援のもと、みいちゃんのお菓子工房のプレオープンは進んでいったのです。

◇プレオープンの予行演習

いよいよ1月に入り、26日のプレオープンの準備が急ピッチで進んでいきました。

機材などのハード面が揃ったのはオープン前、ギリギリです。私は、当日のオペレーションを想定し、何度も頭の中で、みいちゃんとお客さま、スタッフの動きをシミュレーションしました。

そして、みいちゃんが作るケーキの製造個数を決めます。

これまでスイーツカフェは経験がありましたが、ケーキ屋さんとしての販売は、みいちゃんも含めてスタッフ全員が初めてのことです。スイーツカフェの様子を見る限り、ある程度の来客数は予想がついたので、準備できる最大限のケーキの数（150個ほど）を用意するつもりでいました。

みいちゃんは、オープン当日のメニューを1か月前から考えていました。みいちゃんの頭の中には、作りたいケーキ、お客さまに買ってもらいたいケーキが山のようにありました。相当な時間、何を作るか悩んでいました。

学校の勉強は、この時点で相当な遅れがありましたが、簡単な計算と九九はできたので、ケーキの材料を準備するところまでは、きちんと私に指示をしてくれました。みいちゃんは、本当にミスが少なく、レシピの分量を間違えることは、これまで一度もありません。いまだに不思議なのですが、勉強に関しては、小学2年生レベルで止まっているように見えるのですが、ことケーキに関しては、作る段取りをしっかり頭の中でイメージできているようでした。ただ、お店をオープンするとなると、作るケーキの種類が多くなります。1種類だけを作るときとは全く違ってきます。1種類ずつを順番に作るのではなく、数種類のケーキを同時進行で作っていかなければなりません。

私は、小学生のみいちゃんが、なぜこれを一人でこなせるのかが本当に不思議でした。私が小さい頃に教えたのは、お菓子を楽しく作るその作り方のみです。段取りまで一つひとつ教えたことはありません。みいちゃんは40席のカフェを満席にするという経験のなかで、実践を通してその段取りを自分で吸収していったのです。

よく言われることですが、机上の勉強よりも実践のほうがはるかに身につくということなのだと改めて実感しました。そしてみいちゃんは、スイーツカフェで100名以上のスイーツプレートを数時間でさばくという現場も経験しています。なんといっても、これがみいちゃんを大きく成長させた理由だと思うのです。

そして、何よりもその年齢が影響しているのだろうと考えていました。

いくらなんでも、小学生でカフェを満席にしたり、小学生でお店を持ったりするなんて、普通に考えたらあり得ません。

でも、だからこそできたのです。

失敗を恐れずに冒険する気持ちさえあれば、小学生は、どんな状況でも乗り越えようとします。若いときの溢れる好奇心がもたらす成長、進化は本当にすごいです。

ただ、やはりすべてを任せるのは不安だったので、作業の工程表を作りました。プレオープン当日の開店時間からの時間配分などを記入した表です。そこにその日に作るケーキの種類を書き、①のスイーツはここで仕込み、ここで仕上げ、②のスイーツは①と少しずらしてここで仕込み、ここで仕上げ……、というふうに、流れを摑める表です。みいちゃんと事前に相談して表を完成させていきました。全種類のスイーツの全工程を「見える化」したのです。

というのも、みいちゃんの特性の一つは視覚優位なのです。その代わり、耳で聞いて入ってくる言葉は頭に残りにくく、忘れがちです。そのため、この工程表を書いて厨房の冷蔵庫に貼っておけば、視覚的にその日にやるべきことがひと目でわかり、作業がしやすくなるだろうと思ったのです。事実、この表により工程を見える化することで、お互いに作業の進《しん》捗《ちょく》が確認でき、みいちゃんの作業も止まることなくスムーズにできるようになりました。ただ、この仕込みの時間の工程管理には、その後も数か月苦戦しました。

スイーツカフェでもメニューはすべてみいちゃんが決めていたので、プレオープンの際も、メニュー決めには私は関与することなく、すべてみいちゃんに任せました。みいちゃんは、自分のことがよくわかっていました。

スイーツカフェでの途切れないお客さまの対応を一人で乗り越えた実績を持つ、スーパー小学生なのですから、私は、みいちゃんの力を信じて厨房の責任者にしました。当然、店長兼パティシエです。カフェでのプレートを完成させていく手さばきには、正直、脱帽することもあったし、製菓学校に通いはじめた私よりはるかに繊細な技術と、失敗から学ぶ理論を身につけていました。

また私には、それ以外に準備することが山のようにあったので、ここは自然な流れで分業にし、厨房の責任者はみいちゃん、私は全体の統括をし、当日の店内スタッフの配置、駐車場スタッフの配置、ボランティアスタッフの調整、材料調達、取材への対応などで、クリスマス前後から、目指すところは1月26日、みいちゃんの夢を叶えてあげる日を無事に乗り越えられること――それしか頭にありませんでした。

この頃は、年末からずっと、寝る時間もない日々を過ごしていました。フルタイムの仕事をしながら、合間にプレオープンへ向けての準備をし、さらにみいちゃんの支えになればと通いはじめた夜間の製菓学校の授業。そして、卒業前の課題提出と試験が重なったことで、本当に悲鳴を上げたくなる日々でした。

今思い返しても、人生であんなにも無謀な時期を過ごしたことはありません。よくやったなあ、と自分でもびっくりします。

でも、本当に楽しかった。本当にわくわくした。

みいちゃんと一緒に同じ夢を見て、その夢を叶える瞬間に立ち会えたこと。何より、これまでの苦難の月日を一緒に過ごしてきた相棒のような関係です。親子を通り越して、説明ができないくらいの信頼関係と友情が芽生えていたので、私の人生で、あれほどまでに感動的な時間はもう二度とないかもしれないと思うほど、人生にしっかり記憶された時間でした。大変さをはるかに上回る楽しさがあったから、あそこまでエネルギーが出せたのだと思います。

◇町内限定の「プレ・プレオープン」

プレオープンの準備は着々と進めていましたが、やはり、いきなり初めての場を小学6年生のパティシエで乗り越える怖さもありました。

そこで考えた末に、町内在住者限定の「プレ・プレオープン」をすることに決めたのです。みいちゃんのお店は住宅街にありましたから、これから先、ご迷惑をおかけすることもあるかもしれません。ご挨拶の気持ちも込めて、町内の方に優先的に来てもらえるようにと配慮したのです。当時の自治会長にも事前に相談に行き、住宅街のお店ゆえにアドバイスをいただいたりしました。

そして、このプレ・プレオープンは、みいちゃんと私たちスタッフの貴重な練習の場にもなったのです。

チラシを数日前に町内全域に配布し、当日を迎えました。直前まで、どんな状況になるのか、全く想像ができませんでした。

準備はその1週間前から進めていき、いよいよ14時の開店時間です。

数分前から、お客さまがぞくぞくと並びはじめていました。

「みいちゃん、お客さまがいっぱい並んでる！」

うれしくて、真っ先にみいちゃんに伝えたことを覚えています。

結果としてその日は、たくさんの町内の方に来てもらえました。

この日を経験したことで、厨房での流れや段取りがどのようになるのか、細かくイメージできるようになりました。みいちゃん自身もそうでした。あとはプレオープンの本番を迎えるだけです。

その日から、プレオープンの日のイメージトレーニングが始まりました。同時にみいちゃんは、作るスイーツのメニュー決めをさらに具体化していきました。

プレ・プレオープンのときと同様、1週間前から仕込みを始めていきましたが、段取りがまだまだわかっていなかった頃のことです。とてつもなく非効率な仕込みをしていたなあと、今になって思います。

当時、準備段階でどのくらいお客さまが来られるかが全く想像できなかったことが一番の難しさでした。店の前には駐車場が1台しかないこともあり、その日は応援スタッフを募集し、駐車場の誘導係、メディア対応など、数多くの裏方スタッフを配置していました。

小さな小さな、わずか5坪のケーキ屋さんのプレオープンでしたが、大型イベントでも実施するくらいの勢いで、何十人もの裏方スタッフを用意し、当日に向けて準備をしていたのです。

◇プレオープン当日

そしてとうとう、その日がきました。
みいちゃんの夢が叶う日です。

小学6年生、12歳でみいちゃんはケーキ屋さんの店長兼パティシエになりました。

早すぎる。
勉強はどうするの？
まだ義務教育期間中なのに。
子どもを働かせてどうするの？
親のエゴでしょう。

そんなふうに思う方々もいるでしょう。でも、本当にそうでしょうか。
3年後、その答えがわかることになります。

多くの方々からいただいた祝福のメッセージやお花

プレオープン当日——

今思い返しても、あれほどの経験は他にありません。

あの日、私たちは大勢の人たちに囲まれ、祝福されました。そして、周りのみんながドキドキわくわくしていました。

「みいちゃん、頑張れ！」

日本中からメッセージが届きました。

海外在住の日本人からも祝福メッセージをいただきました。

あの日、新聞、雑誌、テレビなどの各社メディアの方々が一斉に取材に来られました。

たった5坪の小さなケーキ屋さんの厨房は、メディア関係者が2、3人入るともう窮屈で動けないくらいの広さでしたが、私たちはケーキをお客さまにお届けすることに専念していたので気を配ることができず、その日はメディア関係者の方が、それぞれにうまく時間配分をして工房の内部、外での取材に入ってくれました。

それは、いつの間にか世間の注目を集めていたのです。

「みいちゃんのお菓子工房」のプレオープン。

◇みぃちゃんは、なぜ取材が受けられるのか

普通の大人でも、あんなにも大勢のメディアに囲まれることがあれば、緊張しないわけがありません。私は、取材依頼があるたびに、取材を受けるかどうか、みぃちゃんに相談していました。

みぃちゃんには一定の特性があり、嫌なことは考える間もなく即決で断ってきます。反対に受け入れるものは、開口ひと言目に、これが毎回、本当に毎回同じなのですが、「いつ？」と返ってくるのです。

「みぃちゃん、こんな取材依頼がきたけど、どう?」

「いつ?」

そのひと言だけです。この3年間、ずっとみぃちゃんは同じ回答でした。

「いつ?」と返ってきたら、「取材OK」の合図です。ダメなときは、即決で断ります。

そして困ったことに、これも毎回ですが、「いつ?」と聞かれても、この段階で取材の日が決まっていることはほとんどありません。それで私は毎回、こう答えることになるのです。

「まだ日は、わからん」

この会話パターンが今なお、継続しています。

一時は、親ながら、「学習能力がないのか、みぃちゃん」と冗談で言ったこともありましたが、これ以降も返事が変わることはありませんでした。みぃちゃんの不思議な特性の一つです。

「いつ?」

「まだ日は、わからん」

この親子のやり取りが、「取材ＯＫ」の合図なのです。


もう一点、みいちゃんは、極度の不安症を持ちながら、なぜメディアに出られるのかということも、不思議に思われるのではないでしょうか。

これは正直、母親の私にも、最初は理解することができませんでした。

ただ、最近なんとなくわかってきたのです。その理由は、

①みいちゃんは、ほぼ取材を断らない。
②エプロンを着《つ》けたみいちゃんは「パティシエみいちゃん」になる。
③話すことを強要されないからこそ、メディアに出られる。

みいちゃんは、自己肯定感を強く持っています。すべてはそれに尽きるのだと思います。

みいちゃんも一人の人間ですから、自分が評価されることはうれしいのです。これまで人に評価される人生ではなかったのだから、なおさらです。

もしみいちゃんが場面緘黙《かんもく》症でなく、普通に話すことができる症状だったとしたら、間違いなくメディアに出ることはできなかったはずです。

「話せない自分」は、みいちゃんにとっては「普通の自分」なので、「話せなくていい」という前提があるからこそ、メディアに出られるのです。

そして、みいちゃんはエプロンを着けると、パティシエになります。これは人格が変わるとか、そうした変化ではありませんが、気持ちがとても強くなります。不安（症）という心の病は、自分の心が強くなることで、一時的にでも乗り越えられることがあるのです。みいちゃんの場合は、まさにそうでした。

一方で、メディアに出るようになると、みいちゃんのことを心配する声も届きました。もともと人よりも不安を抱えているのに、メディアに出ることでさらに不安を煽《あお》っているのではないか。みいちゃんをメディアに出すべきではない。

そんな声です。でも、本当にそうなのでしょうか。

みいちゃんは、若いながらもケーキ屋さんの店長です。自分のお店が紹介され「美味しい」と言っていただけることは、何よりもうれしいのです。もし、みいちゃんがケーキ屋さんでなかったら、メディアには出ていません。私に話がきた時点で、お断りしていると思います。

みいちゃんがメディアに出るのは、みいちゃんが一人の起業家だからです。心配の声を届けていただいた方の多くは、もしかしたら過去に、場面緘黙症の子と触れ合うことがあったのかもしれません。

ただ、障がい、特性、個性の出方は、人それぞれなのです。

みいちゃんと同じ症状を持つ子が、みいちゃんと同じようにパティシエになってケーキ屋さんができるかというと、決してそうではないことは、誰にもわかっていただけることかと思います。「一人ひとりが違う個性を持っている」ということは、今後、皆さんが、その子の得意分野を伸ばしていくサポートをする際には、大前提となりますので、これだけは忘れずにいてほしいと願っています。

そして、個性を伸ばすということは、「あなたにしかできないこと」を探しだす、ということなのです。

「みいちゃんをメディアに出すべきではない」という声に対する返答としては、「みいちゃんにしかできないこと」に冒険し続けている私たちからすると、もうこの時点で、皆さんが考えるような次元にみいちゃんは存在しない、という答えが一番合っているのかもしれません。それはなにも「有名になったから、みんなとは違うんです」ということでは全くありません。これまで誰も立てなかったポジションに、みいちゃんがいるということです。

それは、この本のなかでも第1章から綴ってきた、過去の苦難からくるものです。きっと、もうこの時点でみいちゃんは、日本で唯一無二の存在です。そこにようやくポジションができたのだと思います。

これが、「不安症でありながら、メディアに出られるみいちゃん」が存在する理由です。

◇「みぃちゃんのお菓子工房」いよいよ開店!

その日、朝から厨房は戦場でした。目指すは14時開店です。

じつは、この開店時間も二転三転していました。当初、10時開店の予定で考えていたのです。しかし予行演習で、みいちゃんの仕込み・段取りでは、10時開店は全く間に合わないことがわかり、14時開店に決めました。地元の方の協力を得た予行演習は、想定以上に私たちに現実を教えてくれたのです。

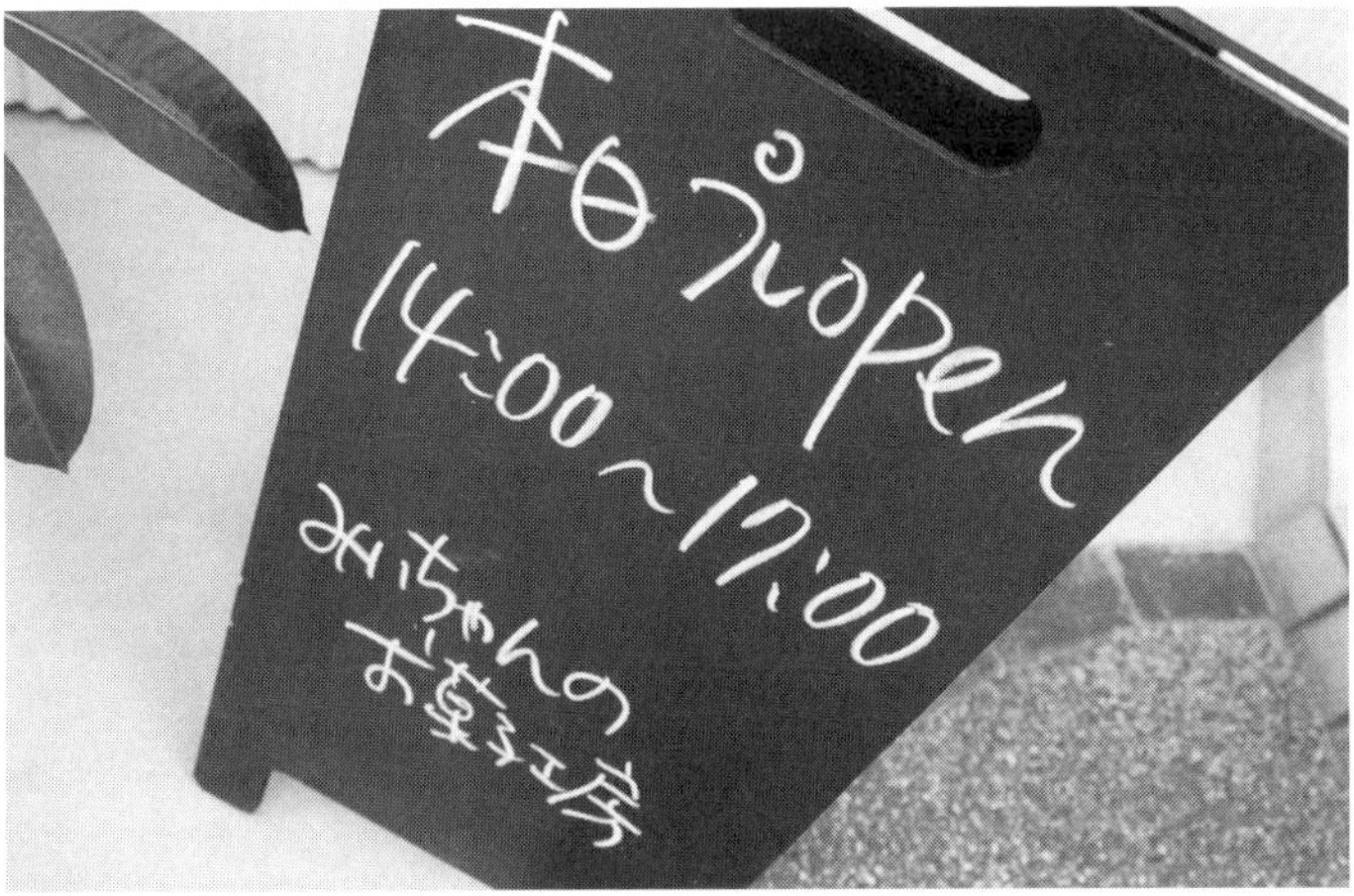

プレオープン当日の看板

1週間前から仕込みをしたスイーツは、みいちゃんの手によって、どんどんかわいい姿に仕上がっていきます。ショーケースに並べられたケーキたちは、とても華やかで、かわいくて、みいちゃんのメッセージが溢れ出さんばかりに伝わってくるかのようでした。

【プレオープン初日の舞台裏】

13時半

ケーキの最終仕上げ。開店時間に間に合わないかもしれないピンチ

ショーケースにはすべてのケーキがまだ並ばない

みいちゃんはどんな切迫した状況になって

も安定のマイペース

13時50分
焦る母/焦るオーナー(私)
そして、マイペースなみいちゃん

13時55分
ショーケースにすべてのケーキが並ぶ
みいちゃん、ショーケースをチェック。合格の合図
みいちゃんにオープンの扉を開けることを打診
みいちゃん、扉まで出れられずレジのところに座ってオープンを待つ

14時
工房の扉、オープン!

急ピッチで制作中のモンブランクリーム(右)。ラストスパート! 最終仕上げに入ったモンブラン(左)

「いらしゃいませ」と行列の皆さまにご挨拶
「みいちゃんのお菓子工房」オープン！

みいちゃん、オープンと同時に厨房に戻る（どうしても恥ずかしく）

緊張の瞬間でした。あの時、あの場所にいた方全員が、本当に笑顔で待ち望んでいた瞬間です。みいちゃんの心の声、喜びの声が、ご来店いただいた皆さまに痛いほど届いていたように思います。

お菓子工房の前の道は、見たこともないような大行列でした。

この日のためにボランティアで入ってくれたスタッフは、少し離れた臨時駐車場から歩いてくるお客さまを誘導していました。工房の扉はガラスなので、厨房の中からは、外の行列の様子が磨りガラス越しに見えています。列の最後尾は見えませんでした。その列は、住宅街の細い道に折れ曲がっていたからです。たくさんの方が、みいちゃんのケーキを買いに来

プレオープンの日、「みいちゃんのお菓子工房」の前にできた行列は途切れることがなかった

てくれました。

当店は、小さな小さなお店なので、一組さまずつしか工房に入っていただけません。その分、プライベートな会話ができる良さがあります。この日、ご来店いただいたお客さまには、これまでにスイーツカフェやマルシェなど、どこかでみいちゃんのお菓子をすでに召し上がっていただいている方が多くおられました。

「みいちゃん、おめでとう！」
「みいちゃん、オープンおめでとう！」

磨りガラス越しに、みいちゃんに伝えてくださるのです。

私は感極まって、厨房で泣きそうになりま

した。

みいちゃんとかあくんを授かって名前をつけるとき、みんなから「○○ちゃん」と呼んでもらいやすいような名前を考えました。お店の名前も、皆さまから「みいちゃん」と呼んでもらいやすいように、すぐにみいちゃんのお店であることがわかるように、そして、みいちゃん自身が自分のお店という自覚を持てるようにと考えて、「みいちゃんのお菓子工房」としたのです。

家族以外の人たちが今、みいちゃんのことを「みいちゃん」「みいちゃん」と呼んでくれ、笑顔で声をかけてくれることが何よりもうれしく思います。

いつの間にか、12年前に願っていたことが叶っていました。

何もかもがうまく回らなかった、あの苦しい頃のことが嘘のようでした。

私の娘が、小学6年生でお店を持てたことを、自分の家族のことのように素直に喜んでくださるお客さまがいる——

この瞬間、これまでの辛い辛い日々は、今日のために神様が与えてくださった試練だったのだと、すべての出来事、すべての出会いに心から感謝しました。

周囲のバタつきをよそに、終始マイペースで動じないみいちゃん

厨房でのみいちゃんは、時折、外のお客さまの様子を見ながら、笑みを浮かべて追加のケーキを黙々と仕込んでいました。

時折、取材のカメラを回す方が、みいちゃんの表情のアップを撮影したりします。

でも、みいちゃんは全く動じません。たまに笑みを浮かべながら、黙々と追加のケーキを仕込んでいきます。

みいちゃんは、すごい小学生です。

こんなこと、誰が想像できたでしょうか。

これは、学校で意思のないお人形さんのようになっていたみいちゃんの大逆転劇です。

14時の開店以降、お客さまの行列が途切れることはありませんでした。

15時30分頃になり、ケーキが残り少なくなってきました。ところが外を見ると、まだまだ住宅街に折れ曲がって並ぶ列が目に入ります。もう、買えないお客さまが確実に出てしまうことが想像できました。外にいるスタッフを呼んで、列の最後尾まではケーキを用意できないと思われることを伝えます。せっかく並んでいただいた大切なお客さま。本当に本当に申し訳ないと思ったのですが、みいちゃんがみんなに食べてもらいたいと思って一生懸命作ったケーキは、どう頑張っても数が足りなくなっていました。


この時点で1時間以上、列に並んで待ってくださっているお客さまが多数いらっしゃいました。ケーキが買える可能性が少なくなっていることがわかっていて、これ以上待っていただくのは心苦しく思い、最後尾のお客さまからスタッフに声をかけていってもらいました。

「ケーキがここまで残らない可能性があります」

そして、みいちゃんのケーキは完売になりました。

買っていただけなかったお客さまが、たくさんいらっしゃいました。

小学生の女の子が作ったケーキに数時間かけて並んでいただくということ。

そこに生まれているみいちゃんの価値。

かわいくて美味しいケーキを買いたいという気持ちと同時に、誰もがみいちゃんに会いたい、みいちゃんを応援したい、「みいちゃんが作った」ケーキを食べたいという想いでご来店いただいたこと。


改めて、「みいちゃん」という存在の大きさを知るのです。


そうして夢のような一日が終わりました。

今でも、忘れられません。

あの日のことを――。


「みいちゃんのお菓子工房」は、苦しく辛い日々のなかで、社会への反発から生まれたお店です。

誰も耳を傾けてくれなかった日々、みいちゃんを助けてあげられるのは家族しかいないと感じたときのことが、言葉にはならない想いとともに思い出されます。

生きてさえいれば、
笑顔になることもできる

生きてさえいれば、
明日がくる

未来なんてわからないけれど、
今日という日を楽しんで生きようと思う気持ちがあれば、
明日は変われるかもしれない

みいちゃんには、今も教えてもらうことがたくさんあります。

私だけでなく多くの方が、みいちゃんの心のメッセージを受け取っているのだとも思います。

もう、大人が子どもを育てる時代ではありません。
子どもの発信、言動、行動、夢に対して、大人が勉強していくのです。
個性ある子どもが、いかにその個性を早期から伸ばせるか。
周りにいる大人次第で、その子の人生が１８０度変わるのですから。

（完）

エピローグ

本書を書き終えて

2021年7月にお声をかけていただき始まった執筆活動。会社員をしながら、ケーキ屋のオーナーをし、パティシエとして頑張るみいちゃんを母としてサポートしてきた日々。毎日が必死で明日の事を考える余裕すらありませんでした。ただ、執筆を始めてから私は、再び、みいちゃんと過ごしたあのどうにもならなかった時期を振り返る機会をもらいました。執筆に向き合う時間は、この慌ただしい現実の世界から一転して、過去に戻るという時間をもらうことができました。過去の出来事は、すべてが私の記憶のなかで鮮明に思い出される世界で、不思議と静かに時が流れるゆったりとした時空のなかにありました。執筆に向き合う度に、現実と過去を行き来することになったとき、自分がこれまで動いてきたこと、みいちゃんが挑戦し続けてきたこと、学校に行かせることがすべてではないこと……。それらの場面が走馬灯のように映像で見えてきました。

そして時系列で過去と未来が整理されたとき、気づいたのです。あの辛かった日々があるからこそ、今があることに。苦しいときには気がつかないもので、未来は見えないけれど、振り返ると、過去のあの時間からの「未来」、それが「現在」であり、今自分があの辛い時期の「未来」にいることを実感することができます。すると、あの時のあの行動、あの時のあの方のサポート、あの時の周りの大人たちの行動、それら一つひとつが赤い糸で結ばれていて、今という未来へとつながってきたことを再確認できたのです。


人は少なからず他人《ひと》に言えない悩みを一つ二つ抱えているものです。上を見すぎたり、子どもに自分自身の夢を押しつけたり、自分を他人と比べたりしがちですが、今日という一日を笑顔で無事に終えることだけに感謝をし、そこに幸せを感じられるようになれば、明日はもっともっと素敵な一日が待っているのかもしれません。その一歩は、自分自身の考えを「アンラーニング」することから始まります。

この本が、親であるすべての大人へ気づきを与えるものになればと思います。

人は誰もが家族の一員として存在しています。会社員も主婦も子どもも、大富豪も起業家も、家族という組織を支えるかけがえのない一人です。家族という目線では、誰もが同じ立ち位置にいるのです。その誰一人が欠けても家族という組織は傾いて崩れていきます。あなたがいなければ家族には笑顔が生まれません。あなたがいるから、辛いことも家族で乗り越えられるのです。

いつの日か、この本を読んでくださった皆さんが、家族のために、また未来の子どもたちのために「素敵な大人」になり、世界が、支え、支えられて育つ「大きな家族」になればと願います。

最後に。

本書の実話は、当時（おもに2014~2020年）のものです。今では、支援の体制や行政の決まり事などは、随分と良くなっています。当時、その場にいてくださった教育関係の皆さま、学校のお友達、その親御さま、議員さま、役所の方々、一緒に応援いただいた皆さま、それぞれがそれぞれのお立場で一生懸命に私たち親子に向き合ってくださっていました。今となっては、感謝しかないことを改めてお伝えしておきます。

「みいちゃんのお菓子工房」は、皆さまの夢をともに背負い、皆さまのお力でオープンまでたどり着くことができたお店です。決してみいちゃんだけ、私たち家族だけの力で成し遂げたものではありません。

２０２３年3月、みぃちゃんは義務教育を終え、無事にお店を「グランドオープン」することができました。この本を世に出すことで、これまで関わってくださったすべてのご支援者さまへの御礼とさせてください。

そして、今回、本の推薦をいただいた連続起業家であり『冒険の書』（日経ＢＰ）の著者、孫泰蔵さん。この本を書き終えたときに私が出会ったのが『冒険の書』でした。この本を読み、私自身の苦難の数年間は、未来の冒険へとつながる準備期間だったのだと悟りました。そして、みぃちゃんは立派な「冒険者」なんだと、我が子を誇りに思えたのです。

一冊の本が出会いを導き、孫泰蔵さんが、シンガポールから５０００㎞の距離を超えて私たち親子に会いにきてくださったこと、執筆が初めての経験である私の本の一人目の読者としてご意見をいただき、大きな自信をもらえたこと、心から感謝しています。

みぃちゃんに続く若い冒険者が、一人、また一人と出てきてくれることを願い、私は本書を通して、世界中にメッセージを届けていきたいと強く思いました。

編集担当の菅原さんへ。一緒に夢を見れた執筆追い上げの数か月、みいちゃんのスイーツ巡りに付き合っていただきながらのお打ち合わせも、今では良い思い出です。苦難の末に完成したこの本は、私の人生の宝物となりました。

最初に出版について声をかけていただいたPHPエディターズ・グループの池谷さま（制作中にご定年となられました）、伊藤さま、私をこの本に巡り合わせていただき、本当にありがとうございました。

2024年2月

杉之原千里

最後に心温まる素敵なエピソードをあなたへ
――もう一人の主人公、かあくん

みいちゃんは、小学6年生の1月にケーキ屋さんの店長になりました。すべては、小学校生活6年間での出来事です。振り返ると、みいちゃんの人生はこの6年に凝縮していました。そして、プレオープンから2か月後の2020年3月には、多くの学びを得た小学校を、かあくんとみいちゃんは二人同時に卒業しました。

保育園からずっと、かあくんとみいちゃんは同じクラスでした。

みいちゃんは、中学からは養護学校に行くことが決まっていたので、小学校の卒業式が、二人が学校という場所で一緒にいられる最後の日となりました。

卒業式の少し前のことです。「感謝する人への手紙」という課題が学校で出され、クラスのみんなの前で一人ずつ発表する時間がありました。その時かあくんは、「感謝する人」に「妹」と書いたのです。かあくんが、そこにみいちゃんを選んだことが、これまでのすべてを物語っていると思いました。かあくんからみいちゃんへの感謝の手紙は、今も大切に私の宝物として残してあります。

＊＊＊

かあくんはあの日、小学校生活で初めて、みんなの前で号泣したのでした。

教室での様子は、あとから担任の先生が私に報告をしてくれて知りました。先生にとっても、みいちゃんとかあくんの見えない深い絆を感じ、印象に残った出来事だったからでしょう。その時の様子は、たまたま学校で出会ったクラスのお友達からも耳にしました。お友達から見ても、いつも人を笑わせてばかりのかあくんの心の奥底の想いを知った時間だったのだと思います。

お友達も先生も、あの日のかあくんのことを夢中で私に伝えてくれました。話を聞いたとき、かあくんが泣き崩れる姿が目に浮かぶようでした。


かあくんは、手紙をみんなの前で読み上げました。


僕が感謝している人は、妹のみずきです。

みずきとは12年間、クラスが同じでした。

僕は……、みずきがお菓子を作りはじめる前は……、

（かあくんの声が詰まりはじめます）

朝から学校も行かずにずっと寝ていて……、宿題もしてなくて……、

（かあくんは、涙が止まらなくなったのでした）

正直、ウザくて文句ばっかり言ってました。でも……、

ここでかあくんは、みんなの前で声を詰まらせたそうです。

下を向いて肩を揺らしながら泣いていました。涙で溢れた顔を手で拭きながら。

それは、これまで見たことのないかあくんの姿でした。クラスのみんなから、

「かあくん、頑張れ」

との声がかかります。嗚咽《おえつ》で続きが読めなくなっているかあくんを、みんなが優しく見守ってくれていました。

お店を建てることが決まってからは、本気でやっていて……、

お菓子も一日中作って勉強してました。

工房から家に帰ってくるのが夜中の1時半とかだったり。

いつも学校でできないことが多いみずきが、テレビにもいっぱい出たりして頑張っているのを見て、僕はもう、文句を言うのをやめました。

泣きながら、一生懸命に話すかあくん。

そして最後に、

「僕は、みずきに感謝しています」

そう言って、かあくんは涙を拭いて、涙でぐちゃぐちゃになった顔を上げました。クラスのみんなから拍手喝采が起こりました。

＊＊＊

かあくんは、みいちゃんとの小学校生活でのさまざまな出来事が思い出され、想いが我慢しきれなくなったのでしょう。私には痛いほどわかるのです。かあくんが背負っていたものが解放されるとき――。

その解放は、偶然にも「みいちゃんのお菓子工房」のプレオープンという、みいちゃんの自立でもあり、小学校卒業による学校生活でのみいちゃんの支援からの卒業でもあったのです。みいちゃんを応援し介助し続け、兄妹でありながら、一番みいちゃんのことを理解している友達でもあるかあくん。

かあくんもまた、みいちゃんとともに多くの試練を乗り越え、強くなった一人でした。

あのときのかあくんの涙は、聞いていたクラスの子たちにも記憶に残ったのでしょう。卒業式にもらうクラスのみんなからの色紙に書かれていた言葉の中には、たくさんの声が寄せられていました。

この本で綴ってきた「みいちゃん家族のドキュメンタリー」は、一見、みいちゃんが主役のように見えますが、その裏には、いつもかあくんの存在がありました。

＊　＊　＊

小学校の卒業式。

みいちゃんの卒業証書授与のとき、体が固まってしまい証書が受け取れないことが学校側も想定できていました。先生から、その際のみいちゃんのサポートはどうされますか、と相談されました。私の中では、早くから決まっていました。

「杉之原みずきさん」と呼ばれると、みいちゃんは、先生と一緒に壇上まで進みます。上までは、先生に連れていってもらいました。そこからは、先に証書をもらったかあくんが、みいちゃんの手を引き、腕を支え、校長先生の前に二人で立ちました。

みいちゃんのぶらんぶらんの腕は、かあくんに支えてもらい、みいちゃんは、卒業証書を自分でしっかり受け取ることができました。

二人の最後の共同作業でした。

小学校入学式の日から6年。

あの時は、かあくんは、みいちゃんの手を引いてあげることもできませんでした。

家族すら想像できなかったみいちゃんの入学式での激変した姿——。

私は、入学式でのみいちゃんの心の声が再び聞こえてくるような錯覚を覚えました。

かあくん待って、待ってよ。

かあくん、助けて！

置いていかないで。みいちゃん、体が動かないよー！

あの日から切磋琢磨して生きてきた二人。お互いに、生きるための最善の方法を見つけました。

――卒業証書授与――

校長先生の前で待っててくれていたかあくん。

みいちゃんは、今度は安心して壇上に立てたのでした。

そして２０２０年３月、みいちゃんとかあくんは、多くの経験をさせてもらった小学校を卒業し、別々の道を歩みはじめました。

第２幕の始まりです。

２人の冒険は、これから始まるのです

夢を叶えるのに年齢なんて考えなくていい
やりたいときに、やりたいことをやりなさい
母より

◆**みいちゃんのお菓子工房　おもな受賞歴**

2020年　「みいちゃんのお菓子工房」2020年グッドデザイン賞　金賞
ディレクター、デザイナー／株式会社 ALTS DESIGN OFFICE
（アルツデザインオフィス）
水本純央
プロデューサー／杉之原千里

2023年　読売テレビ制作 ytv ドキュメント『みいちゃんのお菓子工房』
第56回ヒューストン国際映画祭　金賞受賞
ニューヨークフェスティバル　銀賞受賞

2023年　イギリス発信　LUXlife Restaurant & Bar Awards 2023 受賞

◆**みいちゃん（2007年８月17日生まれ・双子）**

「みいちゃんのお菓子工房」の店長兼パティシエ
小学校入学前に自閉症（場面緘黙症）と診断される。家族以外とコミュニケーションを取るのに相当な時間を要する。小学２年生で支援学級に入り、養護学校中学部、高等部へ進学。
2024年現在、養護学校高等部に在籍中。

〈著者略歴〉

杉之原千里（すぎのはら　ちさと）

滋賀県在住。３人の子を持つ５人家族の母（みいちゃんの母）。会社員。フルタイムで勤務しながら「みいちゃんのお菓子工房」を2020年１月にプレオープン。本業の傍ら、ケーキ屋のオーナーとしてみいちゃんをサポート。「みいちゃんのお菓子工房」は新聞、雑誌、テレビ、ドキュメンタリーなど多くのメディアに紹介され、海外からも応援メッセージが届く。2023年３月、みいちゃんが中学校（義務教育）を卒業したのを機にグランドオープン。これまでの経験を活かし、若者向けの社会貢献活動も行う。企業や大学、自治体、教育関係者への講演実績あり。

みいちゃんのお菓子工房：https://mi-okashi.com/

みいちゃんのお菓子工房 SNS

facebook　YouTube　Instagram　X　Voicy

「自分探しをサポートする会」会長

生きづらさを抱えた子どもたちを社会へ導く支援を行う団体。子どもたちの将来のための自分探しの道をサポート。夢と勇気を与えるイベント「みいちゃんの生きる道展」の開催や幼少期からプロの仕事を経験する環境を提供する「お仕事体験」を展開。

自分探しをサポートする会：https://support.mi-okashi.com/

Shining children ファウンダー

生きづらさを抱えた人たちの社会参画の場を提供する web3 プロジェクト。
2022年よりメタバース事業開始。メタバースでの居場所「不思議の国の children 村」を制作。不定期でメタバースイベントを開催し、全国に散らばる DAO メンバー（＊注）がメタバースに集い、社会経験の場を提供。みいちゃんが、メタバースでは不安を解消でき、リアル社会ではできないことでもできることがわかり、みいちゃんと仲間たちとともに活動の輪を広げている。

（＊注）　DAO（ダオ）
正式名称は Decentralized Autonomous Organization で、頭文字を取って DAO と呼ばれる。「分散型自律組織」などと訳され、特定の管理者が不在でも、事業やプロジェクトが推進できる組織形態を表す言葉。

Shining children：https://www.shining-children.xyz/

アートディレクション：奥村 靫正（TSTJ Inc.）
デザイン：真崎 琴実（TSTJ Inc.）

写真提供：著者

みいちゃんのお菓子工房

12歳の店長兼パティシエ誕生〜子育てのアンラーニング〜

2024年2月22日　第1版第1刷発行

著　者　　杉之原千里

発　行　　株式会社ＰＨＰエディターズ・グループ
〒135-0061　東京都江東区豊洲5-6-52
☎03-6204-2931
https://www.peg.co.jp/

印　刷
製　本　　シナノ印刷株式会社

ISBN978-4-910739-45-8